李太仆 —— 著

四百年灯火阑珊

儒家的故事系列·两汉

復旦大學出版社

自序

儒家在呱呱坠地后，还没有进入青春期，就因"焚书坑儒"，成了个只剩一丝游息的巨婴。

汉朝的创始人刘邦不怎么读书，也不太喜欢儒家。然而，汉朝却为儒家送来清新的空气，给予其成长的养料。

由此，儒家迅速成长，很快就成为激情四射、充满活力，浑身散发着无穷魅力的青年。

无数学子为之魂牵梦萦，为之辗转反侧，为之上下求索，为之终生无悔。

两汉期间，儒家的成长主要有三条线索：

其一，经学恢复和今古之争。儒家在西汉初年确立"五经"，"五经"成为文化传承、治国理政、选拔人才的标准。其后，因为书写方式、出现时间等不同，产生"今文经"和"古文经"，继之以对经学解释不同的今文学派和古文学派之争。两家彼此对立，势如水火，今文学派盛于西汉，古文学派盛于东汉，及至郑玄两家之争结束。

其二，儒家汲取其他各家学说的精华，力求理论体系更完善。特别是融合天人感应、阴阳五行学说，自董仲舒集大成后，凡是儒生，皆持天人感应之说。至东汉，图谶盛行，儒家渐入神秘境地。

其三，政治的儒家化，儒家从江湖走入庙堂。儒生先是成为学术型官员的主流，其后成为执政官员的主流。在西汉后期，由儒生担任百官之首的丞相，已经成为普遍认识。

皇帝也逐步地儒家化。自西汉中期开始，圣旨中必须引用儒家经典语言，借此成为颁布皇命的理论依据。太子会配备儒生太傅，儒家经典已经

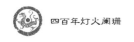

成为皇帝必须学习的内容。

虽然,学习儒家经典不是做官的唯一途径。但是,一位两汉官员如果不懂儒家经典,很难获得重用,也很难和同僚们展开讨论。

在本书中,我力图从《史记》《汉书》《后汉书》等史籍中将历史事件、个人传记等素材进行梳理,清晰地展示儒家在两汉的发展历程。

年届五十八岁的班固为什么弃笔从戎?

董仲舒是因提出"天人三策"而受到汉武帝重用的吗?

王莽究竟是什么样的人?

从水中涌出的河图洛书究竟是什么?

……

如果您对这些问题尚存疑惑,就请翻开本书阅读吧!相信您一定不虚此阅读之旅。

我在撰写此书的过程中,感慨于刘向、班彪等儒生,俱是名儒,又能将家学传于后人。他们的儿子刘歆、班固等青出于蓝,终成一代宗师。萧望之、卢植等名儒,更是家学源远流长,绵延数十代,繁衍至今,兰陵萧氏、范阳卢氏皆是传承千年的名门望族。

"忠厚传家久,诗书济世长"。汉朝名儒的家风传世、父母的言传身教,尤其值得我们学习。这些家族的命运也始终和国家的命运结合在一起,正因为有一个个和谐的大家族、小家庭,才创造出汉朝的皇皇盛世。

本书的故事起于"焚书坑儒"后的秦末,其时儒家如贫瘠沙漠中长出的一颗嫩绿小草。西汉末年至王莽称帝,儒家已兴盛发展为成片的森林,蔚为壮观。东汉末年,儒家的"森林"归于尘埃,就此湮没、沉寂。

本书是"儒家的故事"系列第二册,但是名字却不如《呱呱坠地的巨人》取得顺当,一直难以"呱呱坠地"。我似乎很难找出一个妥帖而又通俗的词语,来形容:原来不曾有,发展得非常迅速,极强极刚,最后又迅速衰弱的状态。这是一个看似寻常又复杂的过程,在我脑海里,它既像一次攀登山峰的过程,也像数学中的正态分布曲线。

在其中编辑李又顺老师、刘西越老师经常和我商讨,最后定格于《四百年灯火阑珊》这个名字。灯火阑珊的意思看似偏向寥落冷寂的境地,实也令人联想到灯火流转的明亮时分。汉朝四百年间,儒家的发展正如烟花一般升腾夜空、绚烂繁华,将夜色照得明亮如昼,但最后寥落阑珊。

当然,这个名字看起来略显柔弱,难以凸显强汉的盛世光景。然而,灯火总是灿烂过,留在人们心里。

一旦有机会,它总会再次灿烂起来,不是吗?

最后,衷心感谢复旦的赵文斌先生,感谢本书编辑李又顺老师,在李老师的鞭策、鼓励和督促下,让"儒家的故事"得以延续。

感谢我的家人,感谢我的朋友们,也感谢阅读此书的您!

目 录

第一篇　高阳酒徒起草中　　001
　第一回　狂生酒徒　　001
　第二回　一步臭棋　　003
　第三回　死于韩信之手　　005

第二篇　包羞忍耻：叔孙通和陆贾　　009
　第一回　宗师或小人　　009
　第二回　书生平南越　　013
　第三回　聪明的家翁　　017
　第四回　不向刘邦投降　　019

第三篇　经学江湖　　020
　第一回　门派初立　　020
　第二回　牺牲本是平常事　　027
　第三回　今古之争　　030

| 第四篇 | 英年早逝的天才 | 034 |

| 第五篇 | 班固的儒家史 | 039 |

| 第六篇 | 偶像级丞相 | 047 |

第七篇	汉朝首席宗师	053
	第一回 天人三策	053
	第二回 江都正谊	059
	第三回 春秋繁露	063

第八篇	登上政坛的儒家	067
	第一回 儒家皇帝	067
	第二回 功登麒麟阁	071
	第三回 帝师糊涂死	077

第九篇	非儒生不丞相	082
	第一回 凿壁的匡衡	083
	第二回 世故的张禹	084
	第三回 迟钝的翟方进	087

第十篇	社稷之臣	093
	第一回 诗书传家	093
	第二回 《易》初解	098
	第三回 得道却亡身	104

| 第十一篇 | 白首太玄经 | 107 |

| 第十二篇 | 西汉终结者 | 112 |
| | 第一回 忠臣王莽 | 112 |

第二回　我学周公旦　　117
　　第三回　假作真时真亦假　　123
　　第四回　失败的"仁政"　　130

第十三篇　光武中兴　　133
　　第一回　牛背上的开国皇帝　　133
　　第二回　汉家天子　　139
　　第三回　图谶天下　　144
　　第四回　河图洛书　　148

第十四篇　明章之治　　156
　　第一回　光武家风　　156
　　第二回　明帝崇儒　　161
　　第三回　章帝的白虎观　　164

第十五篇　臣不为谶　　170
　　第一回　郑兴和桓谭　　170
　　第二回　王充和《论衡》　　172
　　第三回　《请禁绝图谶疏》　　174

第十六篇　党锢之祸　　176
　　第一回　短命的皇帝们　　176
　　第二回　第一次党锢事件　　180
　　第三回　第二次党锢事件　　184

第十七篇　最后一位宗师　　188

尾声　　192

第一篇

高阳酒徒起草中

第一回　狂生酒徒

郦食其①（？——前203年）在楚汉争霸的群雄之中，只是一位小人物。

郦食其是陈留高阳人（今河南省开封市杞县），从小喜爱读书，又嗜好喝酒。但家境贫寒，穷困潦倒，只能去当一名看管里门的小吏。

陈胜、吴广起义后，天下骚动，陈留也不例外。郦食其的弟弟郦商聚集起数千人的部队，开始造反。

不久，刘邦率军路过高阳。

其时，刘邦和项羽分别受楚怀王令，先入关中者为王。刘邦率兵西进，攻打昌邑等地没有成功，沿路却兼并众多小股部队。抵达陈留时，刘邦的军队虽不足万人，但规模已比出发时要大许多。

此前，路过高阳的反秦部队不下数十支，可郦食其毫无"入伙"的兴致。他觉得这些首领，或器量狭隘，或自以为是，都不入他的法眼。

---

① 郦食（音 yì）其（音 jī），秦末楚汉时人，中国历史上著名的说客。

但听闻刘邦留驻后,郦食其居然亲赴军门,贸然拜访。他向门人递上名帖,请其转告:"高阳贱民郦食其,听闻沛公南征北战,历经严寒酷暑,率军征讨暴秦,敬请劳驾,通禀一声,说鄙人求见沛公,要和他纵论天下大事。"

门人火速通报,而彼时刘邦正在洗脚。

刘邦问门人:"来者何人?"

门人答:"他的相貌像一个有学问的大儒,身穿儒衣,头戴巍峨的高山冠。"

刘邦嫌弃道:"跟他说我忙于天下大事,没空见儒生。"

门人只能向郦食其致歉:"沛公敬谢先生,他正忙于讨平天下的大事,没时间见儒生。"

郦食其听罢,立刻变脸,变得颇有点川剧的味道。他瞪大双眼,手握宝剑,斥责道:"快点!你再去告诉沛公一声,我是一个高阳酒徒,不是儒生!"

门人见状,吓得名帖落地,赶忙捡起,飞也似的跑入帐中,再行通报:"外边的客人真是天下壮士,他大声斥责我,我很是害怕,吓得把名帖都掉在地上。他说:'你快滚回去,再次通报,你家老子是高阳酒徒。'"

听闻此言,刘邦也有些慌神,不知道是哪路神仙,如此凶神恶煞,赶紧擦干脚,手拄着长矛道:"请客人进来!"

郦食其入帐,向刘邦施以长揖道:"沛公您长年累月在外奔波,暴衣露冠,率军征讨暴秦。但是您为什么一丁点儿都不自重自爱呢?我想求见您,和您讨论天下大事,而您却说什么'我正忙于讨平天下,没有时间见儒生'。您想平定天下,成就大业,却以貌取人。如此这般,恐怕就要失去天下的能人志士。况且您不如我智慧,不如我勇敢,却不愿接见我,这样就失去一个人才啊!"

这番话,哪里是臣子见主公的言语,分明一副老子教训儿子的模样。

刘邦倒是被郦食其的气场彻底镇住,慌忙道歉:"刚才我只听说您的外貌,现在我才真正了解您的意图。"

刘邦请郦食其就座,询问平定天下的妙计良策。

郦食其说:"沛公您若想成就统一天下的大业,不如先占据陈留。陈留是天下的要冲,兵家必争之地。城里贮藏着几千万石粮食,城墙守卫工事非常牢固。我和陈留的县令最是要好,我为您前去说服他,让他投降。若是他不听我的，我就替您把他杀掉，就此可以拿下陈留。沛公，您亲率陈留兵将，占据坚固的城池，依靠城内存粮，召集天下各地想投靠您的兵马。等待兵力强盛，您就可以所向无敌，横行天下，再没有人能对您构成威胁。"

"我完全听从您的教诲。"刘邦心悦诚服。

郦食其连夜去见陈留县令，游说道："秦朝暴虐无道，天下人都已反叛。如今您和天下人一起造反就能成大功，而您却独自为将要灭亡的秦朝拥城固守，我认为您的处境很危险啊！"

陈留县令说："秦朝法令严酷，不能够妄言。倘若妄言，就要灭族，我不能按照您所说的去做。您老先生指教我的话，并不是我的意图，请您不要再说了。"

游说失败，郦食其再次变脸。

子夜，郦食其做起江洋大盗的勾当，悄悄潜入陈留县衙，神不知鬼不觉地割下县令头颅，越墙而下，速向刘邦报告。

刘邦率军攻城，将县令头颅悬于旗杆之上，向城内喊话："赶快投降吧，县令头颅都被我们砍下来了！谁晚投降，我就杀掉谁！"

陈留群龙无首，旋即投降。

刘邦入城后，休整三月，用的是陈留武库里的兵器，吃的是城里的存粮，招募的军队达数万人，于是入关攻秦。

第二回　一步臭棋

郦食其投靠刘邦后，就有些寂寂无名，他不像萧何，随时会刷存在感，也不像张良，一出场就惊天动地。

郦食其大概是献过计策，却没有效果。难得隆重登场一次，还是一步臭棋。

其时，项羽将刘邦围困在荥阳（今河南省荥阳市），形势危急，刘邦与郦食其商议如何应对。

郦食其建言：重新分封六国的后裔做王，他们一定会感谢刘邦，甘愿做他的臣子。而这之后，项羽就一定会恭恭敬敬地前来朝拜。

困境中的刘邦慌不择路，听说只要刻些印章封王，就能打败项羽，直感叹这是一本万利的好买卖。他对郦食其说："赶快刻制印信，先生立刻出发吧！"

不想郦食其这边还未动身，恰巧张良那边出差回来，拜见刘邦。刘邦对张良说："子房啊！有人给我献了一条妙计，这下我肯定能打败项羽啦！"随后将郦食其的计策转述一番。

未料张良听罢勃然变色，连发八问，将刘邦问得哑口无言：

第一问，昔日商汤伐夏桀，封夏朝的后代于杞国，那是商汤估计到此举能制桀于死地。您现在能制项羽于死地吗？

刘邦答：不能。

第二问，周武王伐纣，封商朝的后代于宋国，那是估计自己能得到纣王的脑袋。您现在能得到项羽的脑袋吗？

刘邦答：不能。

第三问，周武王进入殷商都城后，在商朝大臣商容的家门口表彰他，释放被纣王囚禁的箕子，重修比干墓。您现在能重新修筑圣人坟墓，在贤人家门口表彰他，向贤人致敬吗？

刘邦答：不能。

第四问，周武王曾发放粮仓的存粮，散发国库的钱财，用来赏赐贫苦的老百姓。您现在能散发仓库的粮财来赏赐穷人吗？

刘邦答：不能。

第五问，周武王灭商，将兵车改成乘用车辆，兵器都倒置存放，盖上虎皮，向天下宣告不再动用武力。您现在能够刀枪入库、推行文治，不再打仗了吗？

刘邦答：不能。

第六问，周武王胜利后，将战马放牧在华山的南面，以此表示不再征战，您现在能够马放南山，不再使用它们吗？

刘邦答：不能。

第七问，周武王将牛放牧在桃林的北面，以此表明不再运输和积聚作战用的粮草。您现在能牛放桃林，让牛群不再运输、积聚粮草吗？

刘邦答：不能。

第八问，天下的游士离别亲人，舍弃祖坟，告别老友，跟随您各处奔走，只是日夜盼望着得到一块小小的封地。假如恢复六国，拥立韩、魏、燕、赵、齐、楚的后代，天下从事游说活动的人各自回去侍奉他们的主上，伴随他们的亲人，返回他们的祖坟所在之地，您能和谁一起夺取天下呢？

最后，刘邦已经无力回答。

张良总结："要打败项羽，只有让项羽不再强大，否则六国被封立的后代重新跟随项羽，您怎么能够使他们臣服？如果真的采用郦食其的计策，陛下的大事就完了。"

刘邦听完，怒骂道："郦食其，这个笨书呆子，差点坏了老子的大事！"立刻下令销毁准备分封的印信。

第三回　死于韩信之手

郦食其注定在刘邦的阵营只是个二流谋士，只能靠伶牙俐齿、巧舌如簧、嘘枯吹生过日子，难成一代宗师。他留在舞台上的最后身影，并不成功，却充满着慷慨的捭阖风度。

秦末，故齐国田氏宗族田儋自立为齐王，意图和堂弟田荣、田横一起恢复齐国。不久，田儋为秦将章邯所杀，齐人又拥立末代齐王田建的弟弟田假为齐王。田荣听闻此事后，气愤异常，率兵追击田假，田假逃往项羽处。此后，田荣立田儋之子田市为齐王，自任丞相，任命田横为大将，平定齐地。

项羽灭秦后，分封诸王，将田市改立为胶东王，另立齐将田都为齐王，立前齐王田建的孙子田安为济北王，却并未分封田荣。

田荣大怒，率军赶走田都，杀掉田市、田安，吞并三齐之地，自立为齐王。

项羽听闻，恼怒异常，起兵伐齐。田荣一战即溃，逃至平原县（今山东省德州市平原县），为当地人所杀。

田荣死后，项羽再立田假为齐王。此时，田荣之弟田横复仇，赶走田假，

收复齐地,立田荣之子田广为齐王。

其时,刘项在荥阳、成皋一带对峙,郦食其向刘邦请求,去游说田广归汉。

若凭三寸不烂之舌,说动田广称臣,绝对是一笔超级合算的买卖。即使失败,也无大碍。本小利大,刘邦没有不应允的道理。

郦食其见田广后,问:"大王知道天下的归属吗?"

田广答:"不知也。"

郦食其说:"大王若是知道天下的归属,齐国就可以保全下来,若是不知道的话,齐国就不能保全。"

田广问:"天下何所归?"

郦食其答:"归汉。"

田广问:"先生凭什么这么说?"

郦食其的回答,先占据了道德制高点。他说,汉王和项羽当时共同向西进军攻打秦朝,在义帝面前约定好,先入咸阳的人称王。而汉王先攻入咸阳,项羽却背弃盟约,不让他在关中称王,反而让他到汉中为王,有违背盟约之名。

这段话引起了田广的共鸣,其父和刘邦都是项羽封王的受害者,他们同是天涯沦落人。

郦食其接着说,项羽派人迁徙义帝并使人暗杀他,汉王听说后,立刻率军攻打三秦,出函谷关,追问义帝迁徙的处所,收集天下的军队,拥立诸侯的后代。攻下城池,立刻赏给有功的将领封侯,缴获财宝,立刻分赠给士兵,与天下同利,英雄豪杰都愿意为汉王效劳。诸侯的军队从四面八方来投归,蜀汉的粮食船挨着船源源不断地顺流送来。

郦食其继续说,项羽既有背弃盟约的恶名,又有杀死义帝的不义举动。于人之功无所记,于人之罪无所忘;战胜而不得其赏,拔城而不得其封。不是项氏家族的就不能得到重用;对有功人员项羽刻下侯印,在手中反复把玩,不愿意授予;攻城得到的财物,宁可堆积起来,也不肯赏赐给大家;所以天下人背叛他,才能超群的人也怨恨他,没有人愿意为他效力。因此天下之士才都会投归汉王,汉王安坐就可以驱使他们。

郦食其再次比较刘邦和项羽的区别,让田广坚定决心:应该站到刘邦的阵营之内。

最后,郦食其总结,汉王带领蜀汉军队,平定三秦,占领西河之外的大片土地,率领投诚过来的上党精锐军队,杀死成安君、击败河北魏豹。就如同所向无敌的蚩尤军队一样,不是靠人的力量,而是上天保佑的结果。现在汉王已经据有敖仓的粮食,阻塞成皋的险要,守住白马渡口,堵塞大行要道,扼守住蜚狐关口,天下诸侯若是投降迟了就会被灭掉。田广若是赶快投降汉王,那么齐国的社稷还能够保全下来;倘若是不投降汉王的话,危亡时刻立即就会到来。

一番说辞将处于劣势的刘邦美化得犹如天神下凡,不由得田广不信。田广决心降汉,宣布撤除防守军备。郦食其大功告成,回归"高阳酒徒",天天和田广纵酒作乐。

孰知郦食其说降田广后,却得罪一位大人物——韩信。韩信正在前往齐国的路上,准备攻战,却在半路听到田广归顺的消息,他就想停止行进。

韩信的谋士蒯通进言:"将军是奉命攻打齐国,汉王却暗中派遣一个密使游说齐国投降,有诏令让将军停止进攻吗?既然没有,为什么不继续进军呢?况且郦食其不过是个儒生,坐着车子,凭着三寸之舌,就收服齐国七十多座城邑。而将军率领数万大军,一年多的时间才攻克赵国五十多座城邑。为将多年,难道不如一个竖儒的功劳大吗?"

韩信听罢立刻连夜率军渡过黄河,袭击齐军。由于齐军已经撤除防备,韩信不费吹灰之力,便攻至齐国国都临淄城下。

田广听说汉兵已到,认为是郦食其出卖自己,便对他说:"如果你能阻止汉军进攻的话,我就让你活着,如若不然,我就要烹杀你!"

郦食其却不害怕:一方面,他无法说服韩信停兵;另一方面,他此行的目的就是要降服齐国,谁来办都是一样。

郦食其准备从容就义,对田广说:"干大事业的人不拘小节,有大德的人也不怕别人责备。你老子不会替你去游说韩信!"

田广烹杀郦食其,引兵东逃。

很难说,究竟是郦生辜负田广,还是田广错怪郦生。如果没有韩信,这将会是一场皆大欢喜的双赢局面。韩信的出现,注定郦食其一将功成万骨枯。

汉朝建立后,刘邦不忘郦食其的功勋,破格封郦食其的儿子郦疥为高梁侯,后改为武遂侯。

李白有诗赞曰:

君不见,高阳酒徒起草中,长揖山东隆准公。
入门不拜逞雄辩,两女辍洗来趋风。
东下齐城七十二,指挥楚汉如旋蓬。
狂客落魄尚如此,何况壮士当群雄!

第一篇

包羞忍耻:叔孙通和陆贾

第一回　宗师或小人

郦食其不理性,叔孙通(生卒年不详)却非常理性,也很狡黠,这让人一时难以判断:叔孙先生啊,您到底是个什么样的人呢?

千古史家两司马对叔孙通的评价截然相反。

《史记》评论:"叔孙通迎合时代需要,制订礼仪制度,他进退都能顺应时代的变化,最终成为汉家儒宗。'最直的东西看上去好像是弯的,道就在弯弯曲曲中',说的不就是这样的吗?"司马迁认为,叔孙通是汉朝的儒家宗师,采用曲线救国的方式,顺应潮流,和时代同进退。

司马光则与司马迁的观点截然相反,《资治通鉴》评论:"叔孙先生的气度太小了!他不过是窃取礼制中糠般微末无用的东西,借以依附时世、迎合风俗、求取宠幸罢了,这样便使先代君王所建立的礼制沦没而不振兴,以至于到了今天这个地步,难道不令人沉痛之极吗!……大儒,是不肯破坏自己原有的规矩、准绳去追求一时的功利的!"

司马光还引用了扬雄在其著作《扬子法言·五百》中的评论。

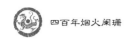

扬雄说:"从前齐、鲁两国有两位大臣,史书中却没有记载他们的名字。"

有人问:"怎么就说他们是'大'臣呢?"

扬雄答:"叔孙通想要制定君臣间的礼仪,便到齐鲁之地去征召儒生,请不来的就是这两个人。"

那人再问:"如果这样的话,孔子周游列国,也是不对的喽?"

扬雄答:"孔子周游列国,是为了推行自己的主张。如果放弃自己的立场来顺从时俗,即便知道规矩、准绳,知道怎么做,又能在哪里施行呢?"

扬雄的话力透纸背,掷地有声地传递出儒家风骨。如果规矩、准绳都可以被抛弃,臣子趋炎附势,还有什么是值得坚持的呢?齐鲁大臣之"大"正在于其有所不为啊!

两位史学大家对同一人物截然相反的评价,给叔孙通披上一层神秘的外衣,究竟是一代宗师,还是奸佞小人,且让我们透过多密度的历史河水,来解读一下叔孙通吧!

叔孙通是薛人(今山东省滕州市官桥镇),在秦朝因精通经术而被征召,为待诏博士。

陈胜吴广起义后,秦二世召集博士儒生们咨询:"楚地戍边的士卒们攻下蕲县进入陈县,诸位怎么看这件事情?"

有三十多位博士儒生进言道:"做臣子的不能聚众,聚众就是造反,这是死罪不能宽赦,希望陛下赶快发兵攻打他们。"

秦二世听后,勃然大怒,脸色大变。大臣们都搞不明白自己究竟哪里讲错了,而只有叔孙通最懂秦二世的心思。

叔孙通上前说:"大家的话都错了。当今天下已合为一家,毁掉郡县城池,销熔各种兵器,向天下人昭示不再用它。何况有明主在上,法令在下,人人遵法守职,四方八面都归附朝廷,哪会有人敢造反!这只是一群盗贼鼠窃狗盗的行径罢了,何足挂齿。郡守尉正将他们搜捕治罪,不用太过忧虑。"

果然,秦二世听后大喜,高兴地说:"好啊。"然后又逐个询问儒生一遍,儒生们有的说这是造反,有的说这是盗贼。

随后,秦二世命令监察官将说是造反的儒生都下狱治罪,说是盗贼的儒生都免除职务。唯独赐给叔孙通二十匹帛,一套衣服,并授予他博士职位。

所有人都倒霉的时候,唯有叔孙通得到实惠,靠的是智慧。只是这种智慧过于狡黠，靠的是阿谀奉承、见风使舵之举，怎么看都不见得高明。

其实，叔孙通对时局了然于心，当他回居舍后，儒生们纷纷问："先生讲话怎么这样阿谀呢？"叔孙通答："各位不知道啊，我几乎逃不出虎口啊！"于是，叔孙通赶紧逃离都城，回到薛县。

此时的薛县已经降楚，叔孙通就去跟随项梁。项梁死后，叔孙通就服务于项羽，后来又投降刘邦。在跟随刘邦之前，叔孙通基本上是谁得势就跟着谁。遇到刘邦后，叔孙通不管战局是赢是输，一直跟定他。这既因刘邦的个人魅力，也是叔孙通的智慧。

叔孙通也许会发现，在某些方面，刘邦和秦二世并没有什么不同，当造反者成为统治者后，他会迅速地统治者化，而叔孙通能察觉，也有能力掌控统治者的心。

比如，叔孙通穿儒生服装，刘邦见后非常讨厌。他就立刻换服装，穿上短袄，而且是按楚地习俗裁制的短袄，刘邦见后就很高兴。后来，刘邦也封了叔孙通做博士，称稷嗣君。

统治者的好恶，左右着大臣们的命运。刘邦不像秦二世那样残忍，一方面，他比秦二世贤明一些，另一方面，或许是因为刘邦始终没能登上权力顶峰。当上皇帝并不能和登上权力顶峰画等号。古往今来，有多少皇帝希望登峰造极，为此无所不用其极。而又有多少叔孙通们甘愿成为阶梯，帮助皇帝们勇攀高峰？

汉王刘邦需要壮士，叔孙通就向他推荐群盗。这引起叔孙通学生的不满，他的学生共有百余人，叔孙通俨然一副大宗师的气派。但这些学生却都在暗地骂他："我们侍奉老师好多年，跟他一起投降汉王。如今他却不推荐我们，专门称道特别奸狡的人，这是为什么啊？"

叔孙通听到后，就向学生们耐心解释："汉王正冒着利箭坚石争夺天下，各位儒生难道能搏斗吗？所以我要先推荐能斩将夺旗的勇士。各位耐心等待，我不会忘记你们的。"

汉朝建立后，刘邦见朝堂混乱，让叔孙通制定礼仪。礼仪制定完成，刘邦看后大喜，说："我今天才知道当皇帝的尊贵啊。"拜叔孙通为太常，赐金五百斤。

叔孙通趁机进言说："各位弟子儒生跟随我很久了，和我一起制定朝廷

仪礼,希望陛下授给他们官职。"刘邦让儒生们都做了郎官。叔孙通出宫后,把五百斤黄金,也都分赠给学生。这些学生高兴地说:"叔孙先生真是大圣人,通晓当世的要务。"

之后,叔孙通摇身一变,成为真正的"卫道士"。他敢于顶撞皇帝,敢于直抒自己的主张,俨然一副"三年媳妇熬成婆"的模样。

刘邦曾经想用赵王刘如意取代太子刘盈,身为太子太傅的叔孙通直言劝谏,用晋献公因骊姬之故废太子、立奚齐,结果晋国内乱数十年(见拙著《呱呱坠地的巨人》),以及秦朝不早立扶苏,让赵高得以诈立胡亥的故事为例,希望刘邦不要自毁天下。

同时,叔孙通提醒刘邦,刘盈仁孝,刘盈母亲吕雉曾与刘邦同甘共苦,不能辜负。最后,他还说:"陛下如果一定要废嫡长子,改立少子,您先杀掉我,让我颈项的血流在此地。"

平时唯唯诺诺的叔孙通突然一改阿谀奉承之态,刚硬起来,为了捍卫"底线",不惜以身殉死。只是,他所捍卫的究竟是立嫡的礼仪,还是太子太傅的权位,谁又能分清呢?

刘邦倒是退让起来:"算了算了,我只不过是开玩笑罢了。"

叔孙通说:"太子是天下的根本,本一摇天下振动,怎么能拿天下的根本开玩笑!"

刘邦只能说:"我听从您的意见。"

后来,刘邦见到张良替刘盈聘任的商山四皓,再没有更换太子的想法。

我们很难脸谱化地说,叔孙通好还是不好。只能说,时代不同罢了。确实如叔孙通所言,他若把顶撞刘邦的语言,拿去顶撞秦二世,恐怕史书上只能留下一条好汉的姓名,我们今天的礼仪制度也会改变模样。

若说叔孙通不好,可他不仅从没有助纣为虐,没有伤害过别人,反而都是在尽力帮助别人成功(秦二世例外)。无论是对刘邦、刘盈,还是跟随他的儒生,叔孙通总是倾尽所能,让其心想事成。

若说叔孙通好,却总觉得他的处世之道不够光明正大,过于阿谀奉承、急功近利。邦有道尚可,邦无道的时候,若人人如此,恐怕黑暗的时间会更久。

生活在有道之邦的我们,难以揣测无道之邦的生活。大家都希望人在无道之邦能活得正直、有骨气，可是又有几人能做到呢？在邦无道时，人性的扭曲是难以想象的，我们只能希望邦无道的时刻不要再度降临。

也因此，扬雄提到的那两位无名的儒生越发令人尊敬。

这两位鲁国的儒生对叔孙通说："您奉事了将近十位君主，都是靠当面阿谀奉承取得亲近、显贵的。如今天下刚刚平定，死去的还来不及埋葬，伤残的还欲动不能，又要制定礼乐。从礼乐兴办的根由看，只有积累功德百年以后，才能时兴起来。我们不想违心替您办这种事。您办的事不合古法，我们不走。您还是去吧，不要玷辱我们！"

叔孙通只能笑笑说："你们真是鄙儒啊，不知道时代的变化。"

第二回　书生平南越

汉初，儒家几乎没有政治地位。刘邦鄙视儒生，连穿儒生的衣服都不能接受。他的大臣，除去叔孙通等少数几位，大都不是儒生。

汉承秦制，所用官员大都是吏员、将领出身。比如居功前两位的萧何和曹参都是秦朝的吏，他们在汉初先后担任丞相，留下"萧规曹随"的美谈，也让汉初政治留下"吏治"的烙印。

由于连年征战，汉初的大臣中，将领占绝大多数，即使是吏员出身的曹参也是历经攻城略地、身上有大小七十余伤的猛将。更不用说，在历史上赫赫有名的韩信、英布、彭越等人。

因此，这才有刘邦和陆贾（？—前170年）的一段对话。

陆贾常在刘邦面前谈论《诗经》《尚书》等儒家经典，刘邦每次听后，都很不高兴，大骂陆贾："你老子的天下是靠骑在马上打出来的，哪里是靠《诗》《书》！"

陆贾回答："您在马上得天下，难道您也准备在马上治天下吗？商汤和周武王，都是逆取顺守。用武力征服天下，然后顺应形势以文治守成，文治武功并用，这才是国家长久之术。从前吴王夫差、智伯都是因极力炫耀武功而灭亡；秦朝也是一味使用严酷刑法而不知变更，最后导致自己的灭亡。假使秦朝统一天下后，行仁义，法先圣，那么，陛下您又怎么会拥有天下呢？"

刘邦听完，心情不快，面有惭色，对陆贾说："那就请试着为我著述秦失天下、我得天下的原因，以及古代各王朝成功和失败的原因所在。"

这段话反映刘邦用人的实用主义和功利原则，无论是什么学派的人才，只要对得天下、治天下有帮助，就会得到重用。

陆贾是楚国人，加入刘邦军队时，是谋士的身份。由于陆贾有纵横家的辩才，他常被任命出使各诸侯国。

其时，赵佗已乘秦乱，兼并桂林郡、象郡和瓯雒国，公开建国，自封"南越武王"，以番禺（今广东省广州市）为都城，史称"南越国"。

刘邦不想对南越国用兵，就派陆贾出使，正式册封赵佗为南越王。不过，这只是刘邦的一厢情愿，赵佗根本就不同意。

当陆贾站在南越国朝廷时，赵佗非常傲慢地"魋结箕倨"①接见。魋结，这和中原传统大相径庭，大概是因为赵佗在南越久居，忘记了中原习俗。

陆贾严厉批评道："您是中国人，亲戚、兄弟和祖先的坟墓都在真定（今河北省石家庄市正定县）。而您现在却一反中国人的习俗，丢弃衣冠巾带，想凭借南越的弹丸之地来和天子抗衡，那你也就要大祸临头了。秦朝暴虐无道，诸侯豪杰并起，只有汉王先入关，占据咸阳。而项羽却背叛盟约，自立为西楚霸王，诸侯们都归属于他，可谓至强。但是汉王从巴蜀出兵之后，征服天下，平定诸侯，诛灭项羽。五年之间，海内平定。这不是人力所能办到的，而是上天辅佐的结果。现在天子听说您在南越称王，不愿助天下讨平暴逆，汉朝的将相都想带兵来消灭您。只是天子体恤百姓劳苦，才暂且罢兵，派遣臣授予您南越王的金印，剖符为信，互通使臣。您理应到郊外远迎，面向北方，拜倒称臣。但是您却在新建不久、人心未齐的小小南越桀骜不驯。倘若让朝廷知道，掘烧您的祖坟，夷灭您的宗族，再派一名偏将率十万之众来到越地，到时南越人杀掉您投降大汉，恐怕易如反掌吧。"

---

① 魋（音 zhuī）结（音 jì），同"椎髻"，就是将发髻梳成一撮，如椎形；箕（音 jī）倨（音 jù），同"箕踞"，意思是两脚张开，两膝微曲地坐着，如簸箕。

这一番说辞真是外交家的辞令,先批评了赵佗数典忘祖,然后耀武扬威一番,夸赞刘邦灭秦、灭项羽的功绩。最后是恫吓,如不归顺,天兵天将下凡,兵到国破。

陆贾完全站在政治高处,盛气凌人地指责赵佗,一时之间压制住了他的气焰。听完这一席话后,赵佗立刻站起身来,向陆贾道歉说:"我在蛮夷中居住久了,太失礼仪了。"

一番道歉后,赵佗开始和陆贾正常对话,他问:"我和萧何、曹参、韩信相比,谁更贤呢?"

陆贾答:"您似乎比他们贤。"

赵佗又问:"我和皇帝相比呢?"

陆贾答:"皇帝从丰沛起兵,讨伐暴虐的秦朝,扫平强大的楚国,为天下兴利除害,继承了五帝三王之业,统理中国。中国的人口以亿来计算,地方万里,处于天下最富饶的地域,人多车众,物产丰富,政令出自一家,这种盛况是开天辟地以来从未有过的。现在大王的百姓不过数十万,皆蛮夷,又居住在崎岖山海之间,如同汉朝的一个郡罢了,大王怎么能同汉朝相比!"

这番对话,陆贾从政治、经济、地理等方面藐视赵佗。赵佗不怒反喜,大笑道:"我不能在中国发迹起家,所以在此称王。假使我占据中国,我又哪里比不上汉王呢?"虽然赵佗嘴上没落下风,心里恐怕还是服气的。

交流后,赵佗非常喜欢陆贾,两人成为无话不谈的朋友。南越国中恐怕再也找不出如此风度翩翩、见识不凡、能如陆贾般与赵佗对话交流的儒生。赵佗远离中原时日已多,老乡带来的风土人情,足以让他回味许久。陆贾在南越国一留就是数月,每日和赵佗饮酒作乐,好不快活。

陆贾的运气实在比郦食其好太多,他身后没有虎视眈眈的韩信盯着,毫无性命之虞。陆贾离开南越国前,赵佗送给他很多礼品,价值千金。

终于,陆贾拜赵佗为南越王,命他向汉朝称臣,服从约束。陆贾还朝后,刘邦非常高兴,拜陆贾为太中大夫。

真是一场漂亮的外交出访,无可挑剔,一场谈判做到汉朝、南越国和自己三方共赢。汉朝避免了以武力的方式解决南越问题,最终建立大一统王朝。南越国从此和平依旧,赵佗避免了刀光之灾。陆贾在政治上获得高官厚禄，经济上赚得盆满钵满，更重要的是结交下如此重要的诸侯朋友，从此成为中国历代外交使节的楷模和榜样。

赵佗的寿命是很长的，估计超过一百岁。历史明确记载，赵佗于武帝建元四年（前137年）去世，却没有记载他出生于何时。但可知的是，他作为副将，随主将屠睢率五十万大军进入岭南大约是在秦始皇二十八年（前219年）。赵佗当时既然能作为副将，年纪应该不会太轻。而即使他当时只有二十八岁，去世时的年纪也达到一百岁。

人的寿命一长，事情难免就会多起来。就像赵佗要和刘邦比谁贤。既然整个汉朝只有刘邦比他贤，等到刘邦去世之后，赵佗就难免蠢蠢欲动起来。

当时，吕雉执政，赵佗找借口说吕雉听信谗言，把蛮夷视为异类，隔绝器物供应，说这些肯定都是长沙王的计策，想要吞并南越国。

赵佗便擅自称南越武帝，出兵攻打长沙国的边境城池，打败几个县才离去。吕雉派出军队讨伐，时值酷暑，南方湿热，士兵们大都生病，致使大军无法越过阳山岭。一年后，吕雉去世，汉朝的军事行动也就此作罢。

赵佗趁此机会，用财物笼络位于福建的闽越国、位于岭南的西瓯国和骆越国，让这几个国家归属南越国，从此，南越国成为东西万余里的大国。赵佗开始乘黄屋左纛①，称制，一副皇帝做派，与汉朝分庭抗礼。

文帝即位后，没有用武力解决南越问题，反而以高姿态表达对赵佗家族的礼遇。他为位于真定的赵佗父母坟墓设置守墓的人家，每年按时举行祭祀，又召来赵佗的堂兄弟，加封官爵，赏赐财宝，对他们表示恩宠。随后，又派出赵佗的老朋友陆贾出使南越。

陆贾一到南越国，赵佗就立刻更换一副嘴脸，向天子写信道歉，发誓要天长地久地做汉朝的藩臣，去掉帝制和黄屋左纛。即便如此，赵佗还是个两面派，对外去除帝号，在国内依然我行我素，自称皇帝。

其后，南越国与汉朝的关系颇有反复，直到元鼎六年（前111年），武帝派兵十万，最终灭亡了南越国。

---

① 黄屋，古代皇帝车上用黄缯做里子的车盖；左纛（音 dào），古代皇帝车上用牦牛尾做的装饰物，设在车衡的左边。

终赵佗一生,和汉朝相安无事,这和陆贾的出使颇有关系,所以后世每当有人出使,都会称许陆贾之功。北宋苏辙有诗曰:

> 虏廷一意向中原,言语绸缪礼亦虔。
> 顾我何功惭陆贾,橐装聊复助归田。

第三回　聪明的家翁

陆贾在南越国的作为,完全是纵横家的做派。他返回汉朝后的行止,也大都如此。吕雉执政时期,陆贾称病辞职,回家乡养老,同时把赵佗送的贵重礼品卖掉,得到千金。

陆贾把千金分成五份,每份两百金,平均分配给五个儿子,每人一份,让他们自谋生路。自己则乘着四匹马拉的马车,带着歌舞和弹琴鼓瑟的侍从十人,佩带着价值百金的宝剑,四处游玩。

陆贾对儿子们说:"我和你们约定好。我路过你们哪家,你们就要让我的人马吃饱喝足,满足大家的要求。我每十天会换一家。我在谁家去世,就把宝剑车骑以及侍从人员留在哪家。一年里面,我还会拜访其他朋友,所以一年之中我到你们每一家大概不会超过三次,次数多了,也就不新鲜了。"

陆贾处理与儿子们的关系颇有智慧,利用经济杠杆,让儿子们尽孝。然而,这终究和儒家所追求的孝完全不同。儒家的孝是基于仁,仁是体现在子女对待父母的态度上的,仁本身具有其形式和内涵。在陆贾看来,他为了追求实际利益,宁可不要仁与孝的形式。所以,后人根据陆贾的行为处事,认为他并非儒家,也有些道理。

陆贾如此处理人际关系,在汉初还是很吃得开的。吕雉执政,诸吕掌握大权,右丞相陈平对此很是忧虑。有一次,陆贾前去探望陈平,陈平恰在沉思,直到陆贾坐下,他都没发现。

陆贾奇道:"您在忧虑什么呢?如此深重。"

陈平反问:"先生猜猜,我究竟忧虑什么?"

陆贾答:"您位居右丞相,是三万户侯,可以说富贵至极,无欲无求。如果说有忧虑的话,无非担忧诸吕和少主罢了。"

陈平说:"是啊!为之奈何?"

陆贾说:"天下安,注意相;天下危,注意将。将相调和,士人就会归附;士人归附,天下虽有变,国家的大权也不会分散。为社稷考虑,这事情都在您和太尉周勃两人的掌握之中。我常常想把这些话对太尉讲明白,但是他总和我说戏话,对我的话不重视。您为什么不和太尉交好,建立起亲密无间的联系呢?"

陆贾开始为陈平筹划对付吕氏的办法。陈平用计,拿出五百金给周勃祝寿,准备盛大的歌舞宴会来招待他,而周勃也以同样的方式回报陈平,两人相交甚欢,如此,吕氏之谋就难以实现。

陈平又把一百个奴婢、五十辆车马和五百万钱,送给陆贾,作为饮食费用。陆贾就用这些"活动经费"在汉朝廷公卿大臣中游说,声名鹊起。

其后,陈平和周勃捍卫汉家天下,陆贾自然也成为功臣。悠游岁月,陆贾最终活到七十多岁。

纵观陆贾的为人处世,难以窥见儒家的踪迹,但他终究是汉朝第一位留下著作的儒生。

陆贾在刘邦的要求下,着笔论述国家兴衰存亡的征兆和原因,一共写出十二篇文章,每写完一篇就上奏给刘邦,刘邦对此赞不绝口,大臣们也是群呼万岁,称这部书为"新语"。

《新语》共有十二章,由于是著书,结构性很强,逻辑严谨,第一章是总论,其余十一章都是围绕总论点展开。《新语》是关于治国理政的政治性文献,它的总体思想是:国家达到太平盛世,就需要"法先圣,行仁义"。

《新语·道基》中提出,"仁者道之纪,义者圣之学",君子要"握道而治,据德而行,席仁而坐,杖义而强"。在《新语》里,"仁"和"义"互相关联,但属于不同的范畴,和孟子的仁义并举有所区别。同时,《新语》认为,不能仅仅强调刑法,更需要在刑法之外采取仁义治国。"齐桓公尚德以霸,秦二世尚刑而亡。"

《新语》以儒家的仁义为基础,融入一些道家"无为而治"的思想,这也是对秦朝忽兴忽灭的反思。《新语·道基》中说"道莫大于无为,行莫大于谨敬",但也补充,无为不是什么事情都不干,"无为者乃有为也",是君主修王道,则远者来复。

班固对《新语》的评价很高,将陆贾写《新语》列为汉初建国重大事件之一,不过也有专家,如近代学者余嘉锡,认为今本《新语》或许是后人依托,未必可信。

第四回　不向刘邦投降

陆贾之后,儒者们都是长在红旗下、生在大汉朝,再没有经历过天下巨变的。他们对秦朝的批判和反思,也许会有真知灼见,但都不再是感同身受。

结束这一章节的,是一些没有名气的小人物,但恰是这些沉默的儒生传承着儒家的精神。黑暗中,星星之火不灭。

项羽自刎后,楚地全境投降刘邦,唯有鲁县(即鲁国国都曲阜)不降。刘邦想要率兵屠城,考虑到他们坚守礼义,为主公以死守节,就拿项羽的头给鲁人看,原来,当初楚怀王封项羽为鲁公,只有确认项羽真的死了,鲁地父老才会投降。

刘邦按照鲁公的礼仪将项羽安葬,给他发丧后,泣之而去。

一个时代落幕。

第二篇

经学江湖

第一回 门派初立

惠帝四年（前192年），"三月甲子，除挟书律①"。秦始皇时"天下敢有藏诗、书、百家语者，悉诣守、尉杂烧之"。汉朝建立后，这条律法并没有被废除，反而被刘邦继承下来。惠帝虽然执政只有七年，政权也都在吕雉掌握之中，却用"除挟书律"为汉朝的文化复兴开启大门。

"除挟书律"仿佛一声号角，撩拨起江湖各大门派的心弦，百家诸子蛰伏已近百年，其间只见孔武有力之士在沙场上大展拳脚，或见诡计多端之谋在朝廷上肆意纵横。饱读诗书之人只能躲在阴暗的角落里，偷偷摸摸地讲授着师傅们传授的经典。现在，机会终于来临，号角之下，宛如开闸泄洪，又如万马奔腾，群英蜂拥而出。

随着皇权对儒家的逐步认可，儒家士人的政治地位开始提高，在"皇

---

① 挟（音jiā）书律，秦始皇在进行焚书时实行的一项法令："敢有挟书者族"，即对收藏违禁书籍的人处以灭族的酷刑。

权指挥棒"下,"天下之学士靡然相风矣",越来越多的知识分子投奔儒家。

更多高质量的人才加入儒家,会让儒家产生更多高质量的作品(作品是广义而言,不仅仅是著作,还包括巩固皇权的措施),和皇权形成良性互动,其间又有董仲舒等大儒涌现,让儒家思想熠熠生辉,终于形成"罢黜百家,独尊儒术"的格局,儒家在文化复兴运动中获得冠军,取得绝对领先优势。

这场运动的冠军授予者是皇权。儒家在运动中和执政者进行紧密互动,又一次获得皇权的认可,成为皇权执政的指导方略。此后,无论皇权如何更替,儒家和皇权一直伴随始终,直至皇权灭亡。

儒家内部冠军的争夺,同样无比激烈,争夺的焦点是"立于学官"。所谓"立于学官",相当于确立为官学的学科,类似于今天被教育部设立的学科。比如2016年,教育部公布增补专业,其中包括"电子竞技运动与管理",引起社会广泛关注。这被一些人解读为"玩游戏也能上大学",相当于"立于学官"。当然,现在的学科远较汉朝时更多且复杂,不可同日而语。

立于官学之后,学科就成为正宗。"学科带头人"会被皇帝任命为"博士",带头人的学术解读则相当于这门学科的标准教材。

所以,学科能否被"立于学官",学者能否拜为博士,决定着本派的江湖地位,决定着是否会有更多弟子愿意来投靠,竞争自然异常激烈。

我们且看儒家的内部"冠军"是如何产生的。

儒家的学术主要是经学,是指儒家经典《易》《书》《诗》《礼》《乐》《春秋》等。因《乐》早已失传,实际只有"五经"存世。

《诗》指现存的《诗经》,由《风》《雅》《颂》三部分组成。

其中,《风》有十五国风,共计160篇。《雅》分《大雅》和《小雅》两个部分。《小雅》80篇,其中6篇有目无文,实存74篇。《大雅》31篇。《颂》分为《周颂》《鲁颂》《商颂》,共计40篇。因此,《诗》现存305篇。

相传,《诗》由子夏从孔子处传承。从子夏到汉朝的传承,则众说纷纭。传说,曾参的儿子曾申跟从子夏学《诗》,再传魏人李克,李克三传赵人孙卿子。

汉初,《诗》的传习涌现出鲁、齐、韩、毛四家。

鲁诗是鲁人申公对《诗》的传承。据说申公曾和刘邦的弟弟刘交(后

被封为楚元王）、鲁穆生、白生，共同向浮丘伯（孙卿子的学生）学习《诗》。文帝时，申公被立为博士。

申公的鲁诗是四家之中影响最大的一派，申公弟子众多，且大都成为大儒。

比如，孔子的后代孔安国曾向申公学《诗》。瑕丘江公（瑕丘人，姓江）曾跟随申公学《诗》和《春秋》，尽得精华。然而，江公不善言辞，曾与董仲舒在武帝面前辩论，结果败北，董仲舒成为博士。后来，江公以研究《春秋》为主，其孙成为博士。

申公的弟子里做官的很多，著名的如郎中令王臧、御史大夫赵绾，申公弟子里担任博士的有十多人。

齐诗是齐人辕固对《诗》的传承。辕固在景帝时期担任博士，后担任清河国太傅。辕固弟子中最为著名的是曾任昌邑国太傅的夏侯始昌。

韩诗是燕人韩婴对《诗》的传承，韩诗有著作传世，据说有《内传》4卷，《外传》6卷。但现存只有《韩诗外传》10卷，应是后人修订合并，并非《外传》原书。

韩婴在文帝时任博士，后在景帝时任常山太傅，常在燕赵之地传授《诗》，也传授《易》。燕赵之人喜《诗》，不喜《易》，所以韩婴就以讲《诗》出名。

毛诗是战国时期毛亨（大毛公）、毛苌（小毛公）对《诗》的传承。毛诗和其他三家诗都不同，它出现得比较晚，是经过河间献王刘德（景帝第二子）在民间重金采购而得，经过整理后，才重见天日。

河间献王所收集的毛诗采用古文，被称为古文经学。鲁、齐、韩三家采用今文，被称为今文经学。今日所见的《诗经》即由毛诗流传而来。

毛诗虽然出现得较晚，在平帝时才被立为学官，但传播至今，远较鲁、齐、韩三家久远。

《书》即《尚书》，它在汉初主要靠伏生口传。

文帝时，寻求能解说《书》的人。文帝听说只有济南的伏生能讲，就想把他请到京城里去。结果，一打听才知道，伏生已经九十多岁，如果从济南去长安，恐怕半路就一命呜呼。文帝就派晁错去向伏生学习。

之所以全天下只有伏生能讲，是因为他在秦朝禁书时，把《书》偷偷藏到墙壁里，汉初，他从墙壁里挖出 29 篇，其他都已丢失。伏生就靠着这 29 篇在齐鲁大地讲授。

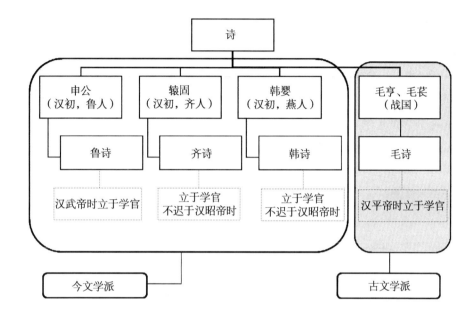

伏生底本原是用秦小篆抄写，在汉初改为隶书，被称为"今文尚书"。其后发展出欧阳（创始人欧阳高，伏生弟子欧阳生的曾孙）、大夏侯（创始人夏侯胜）、小夏侯（创始人夏侯建，夏侯胜的侄子、欧阳高的学生）等三家，皆被"立于学官"。

景帝有个儿子叫刘余，被封在曲阜，史称鲁恭王，他觉得宫殿不够气派，就想重新装修扩建，还把孔子故居拆除了，划入王宫的范围。

这本是一件令儒家极为愤慨的事，却拆得惊天动地，拆得让儒家"感激不已"，且影响至今。

鲁恭王拆房后，从孔子故居的墙里发现《书》《礼》《论语》《孝经》等一系列古书，共几十篇。这些书籍都是用古代蝌蚪文写成，没人看得懂，被人称为"古文"。

其中，古文《书》经孔安国整理后，翻译成今文，献给皇帝，比伏生口传的"今文尚书"多出 16 篇。而孔安国的版本到东汉末年就已失传。

东晋梅赜①给朝廷献上一部《古文尚书》，包括今文《尚书》33篇（梅赜从原先的二十八篇中析出五篇）、古文《尚书》25篇。但从宋朝以来，很多学者都考证说，梅赜的版本是伪造的。

清代孙星衍编定《尚书今古文注疏》，将篇目重新定为29卷，大抵恢复了汉朝《尚书》传本的面貌。

2008年，清华大学收藏了一批战国竹简，其中关于《书》的部分正逐步在研究。

《书》是记录中华上古文献的资料，在五经中历史最为久远，但也最扑朔迷离，它的本来面目还有待通过更多的考古证据去还原。

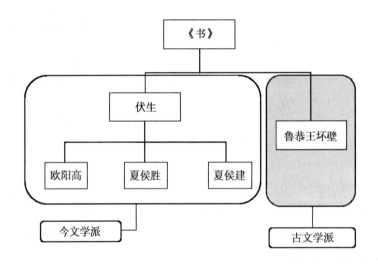

《礼》包括《仪礼》《礼记》和《周礼》，被称为"三礼"。《仪礼》的传承主要是鲁人高堂生传下的17篇，由高堂生传授给萧奋，萧奋传给孟卿，孟卿传给后苍，后苍传给戴德、戴圣、庆普。戴德、戴圣、庆普，三家皆被"立于学官"。

戴德、戴圣是一对叔侄，他们觉得流传的《礼记》太过庞杂，就将其删选成两本书，叔叔戴德选编的85篇叫《大戴礼记》，后有散佚，到唐代只剩下39篇。侄子戴圣选编的49篇叫《小戴礼记》，即今日所见《礼记》。

---

① 梅赜（音zé），字仲真。东晋汝南人，曾任豫章内史。

《周礼》又名《周官》，据说在河间献王所献的书中，但当时人并不知情。后由刘向、刘歆父子校理秘府文献才被发现，并加以著录。王莽时，刘歆奏请，《周官》被"立于学官"。

《周礼》的发现过程令人疑窦丛生，又由于是王莽所立，《周礼》并不被人信服。

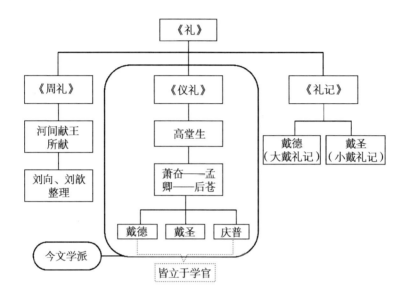

《易》是儒家唯一躲过浩劫的经典，原因在于它是一本用来卜筮的书。因此，它的传承一直没有中断。

相传，鲁商瞿子木受《易》于孔子。子木传给鲁桥庇子庸。子庸传给江东馯臂子弓①。子弓传给燕周丑子家。子家传给东武孙虞子乘。子乘传给齐田何子庄。

这是汉以前的传承。

汉初，《易》的传承是从田何开始。田何是齐国王族之后，号杜田生。其后，传有杨何、施雠、孟喜、梁丘贺、京房，都先后被"立于学官"。武帝最初只立杨何为《易》博士。宣帝时，调整为施雠、孟喜、梁丘贺等三家《易》博士，杨何传习的《易》就不再见到。元帝时立京房为《易》博士。

---

① 馯（音 hàn），姓。馯臂子马，楚人，姓馯，名臂，字子弓，又作子弘，衍作子弘。

相传，田何将《易》传给王同子仲，王同子仲传给杨何。

相传，田何将《易》传给丁宽，丁宽传给田王孙，田王孙传给施雠、孟喜、梁丘贺。其中，梁丘贺特殊一些，他先向京房学习，此京房是一位，受学于杨何，曾任太中大夫、齐郡太守，西汉的两位京房，他们都对《易》有深入研究。在京房出任齐郡太守后，梁丘贺转投到田王孙门下。

相传，另一位京房受学于焦延寿，焦延寿自称学《易》于孟喜，但是孟喜的弟子白生、翟牧又都不承认。

民间流传有费直、高相两家《易》学说，刘向整理古文《易》的时候，认为费直《易》和古文相同。

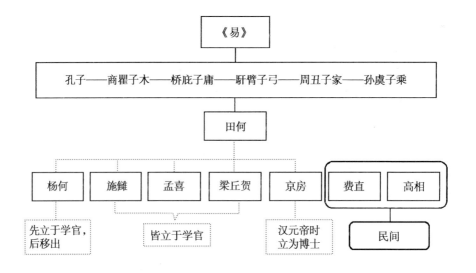

至汉代时，阐释《春秋》有《左氏传》《公羊传》《穀梁传》《邹氏传》《夹氏传》等五种之多。

相传，左丘明读《春秋》后担心"弟子各安其意，以失其真"，就作《左氏传》。

《春秋》所贬损的那些君臣有权力，因而内容隐而不宣，通过口头传授。由此形成《公羊传》《穀梁传》《邹氏传》《夹氏传》。《公羊传》《穀梁传》被立于官学，《邹氏传》无师，《夹氏传》无书。

相传，《公羊传》由战国时齐人公羊高口授，到景帝时代，由其玄孙公羊寿与胡母生（也作胡毋生）一起将《公羊传》录成文字。其后有公羊大师董仲舒，再传严彭祖、颜安乐，有严氏、颜氏学派。

《穀梁传》由战国时鲁人谷梁赤口授，西汉时成书。

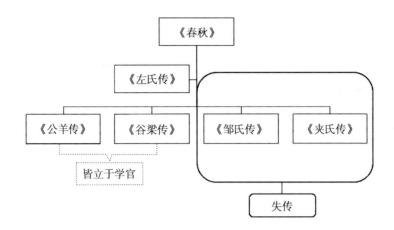

以上即是儒家五经的门派。

第二回　牺牲本是平常事

门派初定，是儒家几代人不懈努力的结果。其间的辛苦，冷暖自知。儒生埋头学问之时，头上却悬着暴秦的屠刀，并承受着刘邦的蔑视。即使"除挟书律"后，屠刀也时不时会划过他们的头颈，牺牲是平常事。

齐诗的宗师辕固曾经和黄生在景帝面前争论。

黄生气势汹汹地说："商汤和周武王不是受命于天的，而是弑君篡位。"

"汤武革命"事关儒家理论的根基，如果汤武是弑君篡位，所有儒家理论都会土崩瓦解。此言论明显是在攻击儒家。

辕固断然反驳："不是这样。夏桀、殷纣淫乱，天下之心皆归顺汤武，汤武顺应天下之心而诛桀纣，桀纣的百姓不肯为之效命而归顺汤武，汤武不得已而立，不是受命于天又是什么？"

黄生反驳："帽子虽破也是戴在头上，鞋子虽新也是穿在脚上。为什么？这里有上下的区别。桀纣虽失道，也是君主；汤武虽圣，却是臣下。君主行

为不当,臣子不直言劝谏纠正它来保持天子之尊,反而因其有过错而诛杀他,取代他自登南面称王之位,这不是弑君篡位又是什么?"

黄生的反驳在逻辑上是有漏洞的,他把君与臣的关系看得一成不变,这就被辕固揪住。

辕固答道:"照你的说法,那么高皇帝取代秦朝即天子之位,也不对吗?"

景帝一听,已经讨论到自己爷爷头上,生怕坏事,赶紧打圆场道:"吃肉不吃马肝,不算不知味道好坏;谈学问的人不谈汤武受命,不算愚笨。"于是两人不再争论。

这次争论,看似辕固占上风,其实不过是两人各打五十大板,平分秋色。

等到辕固再和人辩论时,就充满了惊险和血腥,因为他辩论的对手换成景帝的母亲窦太后了。

窦太后喜欢《老子》这本书,召问辕固他读此书的体会。问一位大儒,道家的经典著作如何?这显然是惹是生非的举动。

辕固说:"这不过是普通人的话罢了。"

窦太后大怒:"安得司空城旦书乎!"

到底是太后,骂人的话也相当高级,不好理解。司空是古代掌管刑法的官,城旦是秦汉时针对男犯人的刑罚,意思是"筑城"。秦始皇曾规定:"令下三十日不烧,黥为城旦。"

这句话的大概意思是,你说《老子》是普通人言,你们儒家的书不过是囚徒看的书罢了。骂完,窦太后还觉得不解气,下令让辕固进猪圈和猪打架。

景帝知道,太后发怒但辕固直言无罪。于是赐给辕固锋利武器,以作防卫。谁知,辕固下到猪圈后,直刺猪心,猪应手而倒。窦太后未料老家伙居然有这一手,默然无语,不再加罪。

不知辕固身手伶俐因其本就是练家子,还是侥幸,如果他刺偏,后果可想而知。

申公的弟子王臧和赵绾,就没有辕固幸运。他们在武帝时,是万人之上的高官,王臧官拜郎中令,是九卿之一,赵绾官拜御史大夫,仅次于丞相。

两人的对手也是窦太后,只是在武帝时,窦太后已成窦太皇太后。太皇太后看到两人在任职之后，积极议立明堂、封禅等事，都是儒家的主张，便觉厌烦。

所谓明堂，是古代帝王祭祀活动的重要场所。明堂上通天象、下统万物，天子在明堂听察天下，宣明政教。

对明堂的具体功能、构造，学术界颇多争议。在《礼记》中有《明堂位》一章，记载"周公朝诸侯于明堂之位"，北京天坛祈年殿是古代明堂式建筑仅存的一例。

所谓封禅，"封"是祭天，"禅"是祭地，是古代帝王的最高大典，向天地报告自己的伟大功业。

后来，王臧和赵绾建议武帝不再向窦太皇太后奏事，把老妇人惹火了。她让人暗中收集两人的过错，然后向武帝实名举报。武帝不能像景帝一样庇护二人，只能将王臧、赵绾下狱，后赐自杀。明堂、封禅诸事自然作罢。

两位儒家高官的鲜血成为儒家发展历史上的印记。经历抛头颅、洒热血，儒家经学终于独占官学。

秦朝的博士不单有儒家，但在历史上留名的十多人都是儒生。刘邦未设立博士制度，文景时期，开始恢复博士制度，但当时都属于经学博士，且都是一经博士，还没有形成规定模式，比如张生、晁错是《书》博士，辕固、韩婴是《诗》博士，胡母生、董仲舒是《春秋》博士等。当时的博士可能还包括百家诸子、其他典籍。

建元五年（前136年），武帝置五经博士，诸子百家被排除于官学之外，儒家的五经成为独占官学的权威。

五经博士设置之初，并不清楚具体人数。宣帝末年，增至十二人。东汉初年，博士有十四人。分别是：

《诗》三：鲁（申公）、齐（辕固）、韩（韩婴）；

《书》三：欧阳高、夏侯胜、夏侯建；

《礼》二：戴德、戴圣；

《易》四：施雠、孟喜、梁丘贺、房京；

《公羊传》二：严彭祖、颜安乐。

皆是今文经学，直到东汉末年，博士人数无所增损。

博士的弟子们，在武帝时是五十人。昭帝时，增弟子满百人。宣帝时

增倍。成帝末年,增弟子至三千人。汉末,太学盛,诸生至三万余人。

自此之后,师生之间的传承关系不再像秦汉之际那么模糊,儒生之间要恪守门户,守师法和守家法,先有师法,再有家法。

所谓师法,就是门派宗师的说经。所谓家法,就是继承人的说经。

恪守师法和家法的是今文经学,古文经学不受此限制。

比如董仲舒说《公羊传》,开宗立派,他的说经就是师法,其后繁衍出严氏公羊、颜氏公羊,就是家法。

门户之见由此产生,如果不守师法、家法,不能成为博士。即使成为博士,一经发现,也要被赶出太学。

比如,孟卿让儿子孟喜向田王孙学《易》。但是孟喜自吹自擂,说田王孙死时枕在自己膝上,单独传给自己。其实,他并不恪守家法,得到易家候阴阳灾变书,以阴阳灾异解说《周易》,这和田王孙的学术是冲突的。结果被同门梁丘贺揭穿,田王孙是和施雠一起离世的,当时孟喜不在,怎么会有这样的事情?

四川人赵宾胡乱解释《易》,说自己的师傅是孟喜,孟喜也为他站台。后来赵宾死了,孟喜又不肯为他站台了。

孟喜因为被认为改了师法,就没有被任命为博士。

儒家门派确立之后,门派之间内耗开始,儒家的对手不再是法家、道家的学者,而是同为儒家的学者。一片腥风血雨又在江湖上席卷而来。

第三回　今古之争

儒家的内耗,最典型的是今文经和古文经之争。

现在,我们一听到"今",就会认为是先进。一听到"古",便会认为是因循守旧,实则不然。

今文经和古文经的差异,最初只是体现在书写字体的早晚上。

今文经是用汉朝流行的隶字书写,出现于西汉初年。

古文经是用先秦六国时流行的字体书写。

在出现时间上，古文经要较今文经晚。

两者在学术上有文字内容、篇章多寡之争，在政治上更有学风、态度之争。

发展到后来，今文经和古文经的区别脱离字体的不同，俨然成为两个相互对立的学术派别。他们由于理念不同，在史料诠释、解读经文的方法上产生了许多分歧。

古文经的出现有几个源头：

其一，景帝的儿子河间献王刘德在民间重金征集的古文经书，主要有《诗》《左传》《周官》《尚书》《礼》《礼记》《孟子》《老子》等书。

河间献王刘德，被人誉为"修学好古，实事求是"，对文化复兴的贡献非常大。他献书的目的很单纯，就是希望保存文化，真正大公无私。

其二，武帝时，鲁恭王装修宫殿，从孔子故居墙壁里发现古文经籍。鲁恭王喜欢造宫殿、养狗玩马。他是无心插柳，得到古文经。

其三，哀帝时，刘歆随父亲刘向领校"中秘书"（内秘府藏书），协助校理图书，在河间献王和鲁恭王所献之书的基础上，对古文典籍分类整理作出重要贡献，主要表现在：

一、刘歆父子发现战国遗存的《易》古文本，用其来校对流行的隶书本，结果只有费氏《易》与古文本相同，于是确认费氏《易》为古文经。

二、首次披露了古文《书》和《逸礼》的来历。前文所述，孔安国整理出的古文《书》，被藏于秘府。刘歆将其整理出来，将其与伏生传授的今文《书》进行对校，发现一些脱简和文字相异之处，刘歆做《移让太常博士书》记录此事。

三、把《毛诗》归于古文经。

四、坚持古文经《左传》"立于官学"。

刘歆对文化的贡献很大，争议也很大，由于他在政治上和王莽同生共死，为儒生们唾弃。这也影响人们对其学术水平的评价，甚至有古文经都是刘歆伪造的说法。

刘歆之所以要高举古文经的大旗，主要有两方面的原因：

其一，作为学者，总有求真务实的追求。选择更接近源头的古文经，是一种求真。

其二，刘歆曾批评，今文经学者满足于简陋苟且、不求改进，埋头于支离破碎的文字分析中，语言烦琐零乱，把自己弄得疲惫不堪。学者们皓首穷经，却对实际的国家大事无所裨益。

今文经学者们在汉初"除挟书律"后，是何等朝气蓬勃，何等生机盎然，何等坚贞不屈。然而，当他们登上盟主大位、号令天下时，又是何等门派森严，何等党同伐异，何等故步自封？

天下事大概如此，刘歆在批判今文经，推崇古文经之时，是否料到，当古文经推翻今文经，夺得大位后，是否一样会抱残守缺？

自刘歆树起挑战今文经的大旗后，王莽在政治上也给予了他很大支持。平帝时，立古文经《左传》《毛诗》《逸礼》《古文尚书》为博士。新莽时，复立《周礼》为博士。

刘歆在王莽时期是非常得势的，王莽需要汉家皇室宗亲的支持，刘歆和父亲刘向既是宗室，又是大儒。而刘歆也愿意通过政治势力，获得学术地位。两人合作，可谓互补双赢。王莽封刘歆"嘉新公"、国师。

后来，刘歆才觉大事不好，终于明白王莽极力扶持古文经，是想为自己创立新朝寻找理论依据。他极力想摆脱，于是谋诛王莽，结果事泄自杀，真是可怜、可叹。

刘歆虽死，王莽覆灭，但他们掀起的古文经浪潮却并未停歇，反而愈演愈烈。

其后，光武帝以符瑞图谶起兵，即位后崇信谶纬。所谓"谶纬"，即谶与纬，"谶"是用诡秘的隐语、预言作为上天的启示，向人们昭示未来的吉凶福祸、治乱兴衰。谶有谶言、图谶等形式。

"纬"即纬书，和经相配合，是儒生假托古代圣人制造的依附于"经"的各种著作。东汉时流行有"七纬"，即《易纬》《书纬》《诗纬》《礼纬》《乐纬》《孝经纬》和《春秋纬》。

东汉初年，光武帝"宣布图谶于天下"，对古文经采取打压之势，自然是为了去除王莽的影响。可是，已精通古文经的儒生们并不买账，一旦古文经失势，他们也就会失去政治和学术地位。

东汉中后期，古文经学有大批学者涌现，如郑兴、郑众、贾逵、马融、郑玄等人，他们反对图谶，学术上不拘泥于古文经，甚至跨越儒家，如马融注有《老子》《淮南子》《离骚》，学术视野开阔，不再拘泥今古之争。

东汉末年，郑玄以古文经为宗，兼采今文经之说，综合两派，遍注群经，成为汉朝经学的集大成者。在一批大学者的努力下，古文经学终于夺得盟主之位，东汉到唐朝时，古文经占据绝对主流。一直到宋朝，理学兴起，古文经和今文经才一起没落。

东汉，某一学者如果研究《左传》《毛诗》《古文尚书》《周礼》，我们就可以认为他是古文学者，但他也会研究《公羊传》等今文经。同时，还会研究非儒家的著作。

古文学者认为，五经只是古代史料，孔子对其进行了整理。他们以周公旦为"先圣"，孔子是"述而不作"的"先师"、历史学家，是古代文化的保存者。所以，古文学者对六经都会有所涉及，并不拘泥于一家，在研究中更注重名物制度和文字训诂。

今义学者则不然，他们只研究今文经，根本不碰古文经，更不用谈非儒家的著作。在研究中，他们恪守家法，家法不可逾越，具有很强的排他性。他们认为五经都是孔子所作的，以孔子为政治家，尊孔子为有帝王之德而无帝王之位的"素王"，所以今文学者偏爱经文中的微言大义，注重从中寻求和阐发治国安邦的大道理。喜欢讲阴阳五行、天人合一、灾异谶纬。

如此故步自封，对今文学派来说，衰弱是必然之事。今文学派从东汉开始一蹶不振，跨越千年，直到清末才有所恢复，龚自珍、魏源等公羊学大师，高举《公羊传》，借经学讽时政。康有为也大力提倡经学，为变法维新提供理论依据。

第四篇

英年早逝的天才

洛阳人贾谊（前200—前168）的一生就像烟花一样，迅速升空，绽放出绚丽的图案，然后迅速落下，冷却到土里。

少年得志的贾谊，18岁时因"诵诗属书"在郡中闻名。他运气很好，遇到人生的伯乐：吴公。

吴公的职务是河南守，不仅工作非常出色，政绩考核天下第一，也很有资历，他是秦朝名相李斯的老乡，常向李斯求学。

文帝听说此事后，就召吴公入朝，担任廷尉。

吴公入朝后，向文帝推荐贾谊，评价他"年少，颇通诸子百家之书"。文帝爱惜人才，立刻召贾谊为博士，当时贾谊才20岁出头，是博士中最年轻的一位。

贾谊担任博士后，每次文帝下诏，让博士们讨论问题，老先生们都说不出什么，他却能一一应对。博士们都认为贾谊能说出自己想说而说不出的话，才能杰出，无与伦比。文帝也非常喜欢贾谊，越级提拔他，贾谊一年之内就升任太中大夫。

这个官职可不小，前文提及陆贾屡立功勋，再被启用、两次出使南越，也只是拜为太中大夫。

贾谊，一个刚出道的毛头小子，就和"老同志"一个级别，简直是"火箭"般的速度。

文帝当然不会做折本的买卖。他迅速提拔贾谊，有其深刻的政治考量。

文帝，是刘邦和薄姬所生的儿子。薄姬原是魏王魏豹的妾室，魏豹被汉军击败，他死后，刘邦下诏将薄姬纳入后宫。入宫一年多，薄姬却连刘邦的面也没见过。

年少时，薄姬与管夫人、赵子儿交好，约定"先贵毋相忘"。

有次，刘邦外出游玩，管夫人、赵子儿在旁服侍，两人笑说起当年与薄姬的约定。刘邦问起缘故，两人俱实以告。

刘邦听后，心生怜悯，当晚就临幸了薄姬。薄姬很争气，一击即中，生下儿子刘恒，后封为代王。

薄姬怀孕后，刘邦就不怎么和她相见。薄姬反倒因此未得吕后嫉妒。刘邦驾崩后，吕后准许其出宫，随刘恒到代地就国，是为代王太后。

薄姬品级不高，刘恒原本和皇位毫无关系。周勃、陈平的将相和，将诸吕一网打尽后，决定拥立宽厚仁慈的代王入朝为帝。

刘恒听闻此信，并未高兴，反担心是诡计，怕遭人暗算。大部分臣属建议静观其变，唯有宋昌支持他入朝。刘恒又去找母亲商量，薄姬也拿不定主意，只能找人占卜，得到吉兆。薄姬又派弟弟去京城打探消息，弟弟回来后说，基本上确认可信，没什么可怀疑的。刘恒这才决定入朝。

刘恒入京后，并未进皇宫，而是直接入代王府邸。陈平、周勃、陈武、张苍等开国重臣劝说半天后，他才答应登天子位。当晚，文帝进入未央宫。

入宫后，文帝一夜未睡，连夜任命宋昌为卫将军，掌管南北军。任命另一臣属张武为郎中令，负责皇宫守卫。同时连夜下诏大赦天下。

文帝入京当夜，就牢牢掌握了兵权。几年里，他逐步削弱刘邦时代的遗老重臣权力。比如太尉周勃和右丞相陈平，他让两人换一换，陈平从右丞相降为左丞相，太尉周勃担任右丞相。陈平有大功却降职，凌驾其上的是同样有大功的周勃。然而，周勃即使位在其上，也根本不好受，他本是武将，做不来文官。没几年，他的丞相也被免职。

后来，有人告发周勃谋反。周勃被捕下狱，受到狱吏百般凌辱，还是薄太后亲自向文帝发难，周勃才被释放。周勃虽被放出，却再也不敢惹事，没几年就去世了。

既然削弱遗老,就要积极使用新人。在此政治考量下,像贾谊这样才华横溢、又没有政治根基的青年才俊,适合重用。

贾谊担任太中大夫后,意气风发,连续提出几项建议,起草各种仪式法度的草案,主张色彩崇尚黄色,遵用五行之说,确定官制名称,完全改变秦朝旧法。

文帝考虑刚即位不久,只修改了部分法令,并未实施全面改革。不过,他还是很欣赏贾谊的建议,想提拔贾谊担任公卿。

20多岁的年轻人要担任高级官员,引得老臣们非常反感。以周勃为首的开国之臣本就不满文帝的排挤,无处发作,正好拿贾谊出气。他们说,这个洛阳人年轻学浅,专欲擅权,把政事搞得一团糟。

文帝不是没有主见的皇帝,只是他还不愿意得罪有辅佐之功的老臣,于是逐渐疏远贾谊,不用其议,让其离开首都,出任长沙王的太傅。

京官到诸侯国做官,等于贬官。长沙王太傅虽是闲职,也不算很差。外放之后,贾谊的缺陷暴露出来:他才华横溢,却难以承受打击;他有极高的政治见解,却难以负重前行。

苏东坡贬官不断,但能乐观地看待人生,写下无数的好词佳句。王阳明被贬贵州,却在龙场悟道,终成一代宗师。相较他们而言,贾谊的挫折很小,然而失落很大。

贾谊认为长沙地势低洼,气候潮湿,恐怕去了后寿命不会长久。也许是年轻的他身体很不好吧,难以忍受南方的卑湿,人还没到那里,就开始胡思乱想,难免会抑郁。路过湘江之时,他作赋吊唁屈原说:"阘茸①尊显兮,谗谀得志;贤圣逆曳兮,方正倒植。"(《吊屈原文》)即不肖之人得显贵啊,谄谀小人得志;圣贤不能修正道啊,方正屈居下位。

贾谊是在屈原处寻找共鸣,感慨小人对他的陷害。但如果说周勃、灌婴、张相如、冯敬等诋毁他的人都是小人,恐怕不合适。周勃屡立功勋,自不必说。灌婴亦是开国功臣,参与过平定诸吕之乱,和张相如、冯敬都曾率兵抵御匈奴。景帝时,冯敬在雁门关和匈奴力战而死。可以说,诋毁贾谊的

---

① 阘(音 tà),庸碌,鄙下。阘茸,指人品卑劣或庸碌无能。

都是于汉朝有大功的人，不能看成是小人，他们只是政见和立场不同。

长沙居三年，贾谊的抑郁越来越严重。

一天，一只猫头鹰飞入房中，贾谊自己作序说是"鵩"①，贾谊认为其是不祥之鸟，写下一篇名赋《鵩鸟赋》。

《鵩鸟赋》写得文辞洒脱，充满道家哲学，感叹福祸无常、人生苦短，贾谊在当时已是出离了悲愤，反而在文章中处处反其道行之，他现实越是凄惨，写得越是欢娱。前途越迷茫，写得越洒脱。他越写得圆融，越是衬出那颗早已破碎的心。

写完《鵩鸟赋》没多久，汉文帝又想起贾谊，就召他回京。召见的时候，汉文帝"方受釐"②，文帝就在皇帝斋戒的宣室召见贾谊，谈到鬼神之事时，贾谊详细地说明了其中的道理。

文帝听得很入神，直到半夜。听完之后，文帝慨叹："我好长时间没有见到贾谊了，自认为能超过他，现在才知道还是不如。"

其后，文帝任命贾谊为梁怀王太傅。梁国的封地处于定陶（今山东省菏泽市定陶区），相较于长沙国，地理位置更好。梁怀王是文帝的小儿子，深受宠爱，又喜欢读书，贾谊当其老师，境遇比前段时间好很多。

贾谊辅佐梁怀王颇为用心，可惜运气不佳。几年后，梁怀王坠马而死。贾谊非常自责，觉得自己太不称职，伤心哭泣了一年多，也去世了，年仅三十三岁。

天黑得久了，人们都期待光明。贾谊恰如一颗流星划过黎明的长空，熠熠夺目。能见到流星的人是幸运的，可流星本身也许是忧伤的。后人有许多凭吊贾谊的诗词、评论，司马迁在《史记》中将贾谊和屈原合列为一篇，是因为他们都才华横溢，都是在文学上成绩斐然，在政治上郁郁不得志之人。

司马迁评论两人说："我读《离骚》《天问》《招魂》《哀郢》，悲悯屈原的志向。来到长沙，看到屈原沉江自杀的地方，无法不垂泪惋叹，想象他高洁的人品。后来读了贾谊的《吊屈原赋》，又责怪屈原如果以自己超人的

---

① 鵩（音 fú），鵩是古书上记载的鸟，形似猫头鹰，因夜鸣声恶，古称之不祥之鸟，据《史记》记载说是"鸮（音 xiāo）"鸮是古代对猫头鹰一类鸟的统称。

② 釐（音 xǐ），釐是指祭天地时，皇帝派人行祀或郡国祭祀之后，把剩余的肉送回皇上，以示受福。方受釐，正在接受祭神的胙肉，象征受神赐福。

才华游事诸侯的话,哪个国家不能容身呢?把自己弄到这等地步。读过《鹏鸟赋》之后,体会到生死同等,看轻去留的道理,又不禁黯然若失。"

纵观贾谊一生,因其遍通百家诸子,精通诗、书,由此登上政治舞台。然而当遇到人生坎坷时,他却向道家寻求解脱。这又和诸多汉初儒生相似,他们以儒家的"仁义"思想为根本出发点,又糅合道家、法家的思想,这是时代特有的现象。

贾谊的文赋写得很好,留下诸多名篇,如《过秦论》《论积贮疏》《陈政事疏》等,后经刘向在西汉后期整理编辑,成《贾谊新书》,现已散失颇多。

《贾谊新书》也和作者的人生一样,命运多舛。一些学者认为除去《史记》和《汉书》所收录的几篇,其他都是门人或后人伪造的,朱熹也认为《贾谊新书》质量不高。

虽然《贾谊新书》的篇章,良莠不齐,但是那些公认的名篇却是精彩异常,现在读来,仍能感受到扑面而来的激扬文采。

年轻的贾谊留有后代,他的两个孙子在武帝时被提拔为郡守,其中贾嘉还在昭帝时期,担任九卿的职位。

我尊敬贾谊出淤泥而不染的品格,但觉得年轻人不宜学贾谊,因为我们学不到他的才华横溢,而他面对困境却益发抑郁的态度,也不值得学习。

诚如苏轼所评论:"夫君子之所取者远,则必有所待;所就者大,则必有所忍。古之贤人,皆负可致之才,而卒不能行其万一者,未必皆其时君之罪,或者其自取也。"(《贾谊论》)即君子要想达成长远的目标,就一定要等待时机;要想成就伟大的功业,就一定要能够忍耐。古代的贤能之士,都有建功立业的才能,但有些人最终未能施展其才能的万分之一,未必都是当时君王的过错,也有可能是他们自己造成的。

然而,我们怀念贾谊,我们不喜欢老于世故、奉迎取巧的人。人无完人,且让我们向贾谊这位年轻人送上庄严的敬礼,告别他!

第五篇

班固的儒家史

贾谊之后,紧接着说生活在东汉的班固(32年—92年,字孟坚),难免会有些突兀。然而,我还是要让班老师插个队,因为他对其后的历史实在太重要,重要到从董仲舒到王莽的儒家史,几乎全由班固写就。

在我们的理解中,西汉儒家发展的起点是在何时?

武帝时期,罢黜百家、独尊儒术。

真的是这样吗?

且先看看班固的故事。

根据班固自叙,班氏是楚国丞相令尹子文的后裔,孔子对令尹子文的评价是"忠"。秦灭楚之后,他们迁徙到晋、代之间,以"班"为姓。

班家在西汉做官的不少,但名人只有一位,且是女性,班固将其记录在《汉书·外戚传》中——成帝的妃子班婕妤。

班婕妤刚入宫时,只是少使,品位很低,后得成帝宠信,封为婕妤。她曾经生过一个男孩,可惜没几月便夭折了。

班婕妤在史书中留下的形象是知书达理的,喜欢诵读《诗》《窈窕》《德象》《女师》之类的文章,每次见成帝都行古礼。

曾经,成帝想要和班婕妤一同乘坐辇车,却被她严词谢绝。她说,古

代亡国之君坐车,身边都是女子。圣贤之君的同车之人都是名臣。

可惜,班婕妤的劝谏纯属对牛弹琴,成帝是一个不折不扣的大昏君,荒淫无道、薄情寡义。成帝在做太子时,有一次去参加弟弟中山哀王刘竟的追悼会,刘竟和成帝是从小一起长大的手足兄弟,成帝却没有表露出丝毫的悲伤之情。父亲元帝觉得其不像人君,就想行废立之事,只因为大臣力保,才得幸免。

成帝登基后,果然沉湎酒色,宠信赵飞燕,封其为皇后,疏远原来的许皇后和班婕妤。后来,班婕妤被打入冷宫,在成帝死后,她被派去守陵园,死后也就葬在那里。

班婕妤品行优秀,却身世凄惨,令人哀叹。只是,历朝历代的深宫里,这样的女子会少吗,为什么班婕妤却能载入史册呢?

这恐怕是班固开了后门,要树个皇亲国戚给班家贴金。《汉书·外戚传》中传主共25人,生前被皇帝封为皇后的,15人;自己未被封后,但儿子当上皇帝的,共5人;儿子没有当上皇帝,孙子当上皇帝,自己未被封后的,共3人。

只有两人特殊,除去班婕妤,另一位是武帝的李夫人,她并非皇后,只是一名歌姬。她的哥哥是著名音乐家李延年,李延年因犯法而受宫刑,入宫负责养狗,却被武帝发现音乐才能,宠信异常。一次宴会上,李延年起舞轻歌道:

北方有佳人。绝世而独立。
一顾倾人城。再顾倾人国。
宁不知倾城与倾国。佳人难再得。

这首歌太有魔力,武帝听得出神,叹息说:"真好听!世间哪有这样的人啊?"一旁的平阳公主说:"有啊!就是李延年的妹妹。"

武帝立即将李夫人召入宫中,果然妙丽善舞、倾国倾城。后来,李夫人还为武帝生下个儿子,可惜,产后不久她就去世了。

武帝对李夫人朝思暮想,封其兄李广利为海西侯、贰师将军,李延年为协律都尉。只是李家人不争气,李广利参与谋反,最后投降匈奴,不久,又被匈奴杀死。而李夫人的弟弟李季淫乱宫廷，李氏被灭族。

即使如此，武帝死后，大将军霍光依然按照其心愿，追尊李夫人为孝武皇后，在宗庙配食。所以，李夫人也算皇后，只是被追封的。

如此一来，25 人中最突兀的莫过于班婕妤。她没有皇帝的后代，也未被追封皇后，能够名垂青史，只因为是班家人而已。

班固撰写《汉书》有其家学渊源，其父班彪生活在新莽和东汉初年，天下大乱，无甚作为，班彪去世时，班固刚及弱冠。班彪留下《史记后传》数十篇，是其平时收集的前史遗闻。

班固毕生有两个追求：

追求一，著《汉书》；

追求二，出人头地、功成名就。

我们现在只了解班固的追求一。实际上，他花费在追求二上的时间和精力，远远超过追求一。某种意义上说，他的追求一也是为追求二服务。

当时，东平王刘苍担任骠骑将军，他是明帝同母的弟弟、光武帝的儿子，属于皇亲国戚，位在三公之上。为辅政明帝，东平王开东阁，宴请天下英雄。

得知此事，班固立刻上书游说东平王，广用贤才，书中不乏溢美之词，将刘苍比喻成周公。那时候，明帝不过三十岁，弟弟应该才二十多岁，班固夸一位二十多岁的年轻诸侯王为周公，吹捧起来，真是无所不用其极。

如果以为班固撰写《奏记东平王苍》是毛遂自荐，那就太小看他了。他推荐的是桓梁、晋冯、李育、郭基、王雍、殷肃等六位儒生。在文末，班固提起和氏璧、屈原的典故，颇具威胁，大有东平王不用其人，便是昏聩的意思。

班固的文采是成功的，可惜自荐并不成功。刘苍采纳班固的建议，任用六位儒生，却未提拔班固。

班彪去世，班固返回扶风安陵。按东汉规定，父死，儿子须回故乡丁忧二十七月。

丁忧期间，班固发现《史记后传》有不完善的地方，进行修改。时人批评班固，作为儒家宗师，怎么能不记住"三年无改于父之道"而去修改父亲的遗作呢？

这也不用过于苛责,修史是大方向,改字是细节。若一字不改,就不是修史,谈何改父之道呢?

有人偷偷向朝廷告密,指控班固私改国史。汉朝并未建立专门的修史制度,《史记》也是司马迁私修,并非国史。根据规定,私人不能修史,班固触碰到了高压线。

得到告密后,明帝立即令人逮捕班固,并抄其家。明帝可能更关注的是,班固是否利用私修史书的机会,在秘密撰写图谶,搞阴谋诡计。在此之前,皇帝刚处死班固同郡一个伪言图谶的人,叫苏朗。

得知此事,一个人立即飞马疾驰入京,投书朝廷,为班固喊冤。

明帝召见此人,让其承述班固著书的缘由。地方上又正好送来班固著书,明帝读后觉得班固很有才华,就赦免其罪,让其进入校书部,担任兰台令史,和同事一起完成描写光武帝的《世祖本纪》。

班固因祸得福,全赖这位猛人——班固的弟弟,投笔从戎、威震西域的名将班超。

班超从小就胸怀大志,能言善辩,广读诗书。然而,班家贫穷,他只能通过为官府抄书,赚取微薄的俸禄来供养父母。

干久了抄书,自然牢骚满腹,班超曾经投笔叹息说:"大丈夫无它志略,犹当效傅介子、张骞立功异域,以取封侯,安能久事笔研闲乎?"(《汉书》)即大丈夫无其他志向,就应当效仿当年傅介子和张骞一样在西域立功,获得封侯,怎么能长久从事抄抄写写的工作呢?

时下,很多年轻人也常如此,枯燥乏味的工作干久之后,常会说出一些狠话,表达自己的凌云壮志。大多时候,此类好高骛远者都会被人耻笑。班超此言一出,周围人当然嗤之以鼻。

傻子和天才有个共同之处:他们的奇谈怪论都令听众不屑,但是天才会用实际行动,让奇谈怪论变成现实。而傻子的奇谈怪论永远是空中楼阁。

班超投笔从戎后,平定西域五十多国,官至西域都护,封定远侯,人称"班定远"。

班固脱险后,继续谋求上进之路。《世祖本纪》完成后,他被提拔为郎,负责校定秘书。不知为何,终明帝一朝,班固的职务始终没有很大提升。为此,年届四十的班固写下题为《答戏宾》的赋,抒发自己怀才不遇的心情。

明帝儿子章帝继位后，召开了一次儒家历史上非常重要的会议：白虎观会议，召集全天下最具权威的儒生参加会议，讲论五经异同，以促进儒家思想与谶纬神学紧密结合。参加会议的儒生大都是今文学者，对他们言论进行总结的反而是班固这位古文学者。他奉章帝之命，以史官身份出席会议，将会议记录整理成册。

如果没有《汉书》，班固留在世人心目中的形象将会是一位大儒。白虎观会议的纪要《白虎通义》是一本划时代的重要作品，是集两汉今文经学大成之作，虽是由参加白虎观会议的诸儒生共同起草，并经章帝本人选定，但班固作为记录者，其重要性自然不言而喻。

只是，班固不想仅仅停留于此，他始终寄期望于《汉书》的编撰。终于，在章帝建初七年（82年），《汉书》完成。全书从汉高祖开始，到王莽被杀结束，历经十二代帝王、容纳二百三十年间的事迹，包括《春秋》考纪、表、志、传共一百篇，是中国第一部纪传体断代史，和《史记》同在"二十四史"之列。

《汉书》有一部分历史是和《史记》重叠的，体例上也承袭《史记》，只是改"书"为"志"，取消"世家"，并入"列传"。《汉书》的很多"纪""传"，大都采用《史记》原文。所以我们常会将班固和司马迁作比较，两人合称"班马"。

司马迁和班固的史书，主旨都是十分清楚的，两位先生都有良史之才。班固撰写《汉书》时，不像《史记》那样追求情节的跌宕起伏，也不像司马迁那样在文中夹杂很多感情色彩。比如司马迁将贾谊和屈原合于一传，让两个怀才不遇的人穿越时空，在《史记》中会面，作者和他们同样惺惺相惜，《屈原贾生列传》便成三人的合鸣。

班固则突出贾谊的政治家本色，舍弃贾谊的《吊屈原赋》和《鹏鸟赋》，而录其《治安策》，突出他在政治上的远见卓识。

此种事例颇多，班固修撰史书的优点是"辞丰富而叙事详尽"，"陈述史实，不毁誉过当，不随波逐流，丰富而不杂，详细而有条理，人读而不厌。"（华峤《汉后书》）

当然，任何史学家都会通过自己的选排、体例、语言，突出一些事情，在《汉书》中，显现出的就是本篇的主题"班固的儒家史"。

比如,《汉书》为董仲舒单独立传,全文收录他的"天人三策",给予极高评价,班固将董仲舒推上儒家至高无上的宗师地位。

而在《史记》中,董仲舒收录在《儒林传》中,只是一个很普通的角色。

是因为司马迁不尊重儒家吗?

绝对不是。他可专门为孔子写过世家的呢!

是历史的发展使局面发生变化,儒家在西汉初年和东汉时候的地位完全不同,董仲舒的思想家地位逐渐显露出来,且越来越重要。

班固是在皇帝的授意下修著史书,自由度必然不如司马迁,《汉书》反映的必须是时代的思潮。

司马迁是开创者,在全社会没有重视孔子的时候,他编撰《孔子世家》,开风气之先。司马迁亦有豪侠之气,字里行间仁义纵横,所以才成就"史家之绝唱,无韵之离骚"。

班固相对功利,他撰写《汉书》,既是继承父志,也为出人头地。他一直从皇帝的立场,维护朝廷的价值取向。比如东汉定都洛阳,很多上了年纪的士绅们,因为是从关中而来,就很怀念长安的热闹景象,觉得迁都洛阳是错误,应该迁回长安。班固模仿司马相如的《子虚赋》《上林赋》的结构,写就《东都赋》和《西都赋》,驳斥这种观点,文章写道西汉和东汉由于地理因素的变化,文化从长安的关中文明转移到洛阳的河洛文明。东都的河图洛书、明堂辟雍,取代长安的建章、甘泉,成为中华文化的象征。

如果洛阳那么好,为什么当年汉高祖要定都长安呢?班固不管,他始终和朝廷的立场保持一致。总之一句话,东都就是好,就是好,就是好。

即便如此,班固努力一生仍未获得梦想中的高官厚禄。他决定干脆效仿弟弟投笔从戎,立功西域。五十八岁的班固投身于大将军窦宪麾下,出任中护军,参与军中谋议。

窦宪是章帝窦皇后的哥哥,章帝死后,窦太后临朝称制,窦宪就以侍中的身份,控制朝廷,无人敢与之争锋。

后来,窦宪得罪妹妹,就请求率军出击匈奴,以免其死罪。当时匈奴分为南北两支,南匈奴亲汉,北匈奴不服。经过窦宪的征讨,大破北匈奴于稽落山(今蒙古汗呼赫山脉)和金微山(阿尔泰山),登燕然山,刻石勒功,威震大漠南北。南匈奴归汉,北匈奴单于远遁,不知所踪,其国灭亡。

当然，此功实非窦宪一人所为，其所统御之将耿秉、耿夔、任尚，皆为一时名将。

由于功勋极大，亲信又遍布朝野，窦宪有一次和皇帝到长安，大臣都考虑用下拜礼迎接，伏称万岁，幸被韩棱制止，才未实施。

虽然，外戚窦宪立有大功于汉，但是窦家兄弟们跋扈异常，平时欺凌平民、抢掠妇女、逼杀异己，无所不用其极，导致中外皆愤恨。

此时，班固投身于窦宪麾下，无异于赌博。他想靠权臣谋得晋升通道，却不知已经让自己坐在火山口上。

有首诗说得好："……做过尚书升阁老，朝思暮想要登基。一朝面南做天子，东征西讨打蛮夷。四海万国都降服，想和神仙下象棋。"（《十不足》）

窦宪处于一人之下、万人之上后，开始谋权篡位，启动王莽模式。当时的和帝虽然只有十三岁，却处事果断。他用霹雳手段，逮捕窦氏党羽并处死，窦氏兄弟全部被软禁，后都被逼迫自杀。年轻的和帝因此开启东汉的极盛时期"永元之隆"。

倒霉的班固终于倒在繁荣昌盛之前，他因为是窦宪的幕府成员之一，受到牵连。洛阳令本就对他有积怨，乘机罗织罪名，大加陷害，不久，班固就死于狱中，终年六十一岁。

洛阳令的积怨是因为班固的家奴曾经侵犯他的车骑，官吏捶打并喝令班固的家奴离开，却不想家奴竟然趁着酒劲，破口大骂。洛阳令因为班固是窦宪的人，不敢加罪。一旦窦宪事败，他打击报复自然比谁都起劲。

班固作为史学家，历史典故全然掌握，可是急于投机，最终竹篮打水一场空，他不怎么教育儿子，儿子们大都也不遵守法度，真是令人唏嘘不已。

所以，后来班固的传闻很多，甚至流传出其收受贿金，帮别人美化历史的负面信息。

班固善写历史，却不能自保，真是值得我们深思呢！

班固去世后，《汉书》尚有八表和《天文志》未完成。和帝下诏让班固的妹妹班昭住到东观藏书阁，将《汉书》写完。和帝还让皇后和贵人们视班昭为老师，称为"大家"①，隆宠备至。

2001年，上海昆剧团排演过大型历史剧目《班昭》，此戏用倒叙的手法，还原班昭不幸的感情生活和矢志不渝著书的心路历程。我有幸得观首映，对一段唱词记忆留心，不时吟唱：

> 最难耐的是寂寞，最难抛的是荣华。
> 从来学问欺富贵，真文章在孤灯下。

---

① 大家（音 gū），古代女子的尊称。

第六篇

偶像级丞相

公孙弘（前200年—前121年，字季，一字次卿）很穷，年轻时在菑川国薛县（山东省寿光市南纪台乡）任狱吏，却因犯罪而被免职。年届中年，仍在海边放猪谋生。

据说到四十多岁，公孙弘才开始学习《春秋》，主攻《公羊传》，曾向公羊博士胡毋生求教。可是因为穷，没钱买书，只能趁在竹林中放猪时，把青竹削成竹片，向人借来《春秋》抄在竹简上阅读，史称"削竹抄书"。《三字经》中"披蒲编，削竹简。彼无书，且知勉"，讲的就是公孙弘的穷。"披蒲编"是说董仲舒的弟子路温舒把蒲草做成书页，向人借来《尚书》抄在蒲草上读。

武帝初年，下诏举贤良文学之士。公孙弘应征成功，拜为博士。当时，他已六十岁。汉朝人真长寿啊！前有百岁的赵佗、九十岁的伏生，现有耳顺之年的公孙弘应征。

公孙弘是否因此走上康庄大道，富贵逼人来呢？

没有！

命运跟这位花甲老人开了个十足的玩笑。

这次应征的结局是,皇上发怒,认为公孙弘无能。具体原因不详,只知公孙弘出使匈奴,恐怕未达使命,回朝奏报时,奏事不合武帝的心意,就此被炒鱿鱼。

公孙弘和贾谊同岁,公孙弘发迹虽晚,却韧性十足,真可谓打不死的小强。

据说十年后,到元光五年(前130年),武帝再次下诏令各郡国举荐文学之士。(公孙弘两次应征的时间颇有争议,《史记》和《汉书》中的记载也有矛盾之处)公孙弘已是"古来稀"的年纪。

菑川国再次推举公孙弘应征,只是这次他推辞道:"过去我曾西去入京,应过皇帝诏命了,因为无能而被免职,你们还是推举别人吧。"

菑川国人还是很热情,坚决要推荐他。公孙弘只能硬着头皮,再次来到京师。

根据规定,应征而来的儒生先要到主管征辟的太常衙署参加对策。当时共有一百多人,结果,公孙弘排名垫底。

七十岁的老人,本不想来,还硬被鼓动而来。来了之后,却成为"副班长",不仅丢人,也丢了菑川父老的脸面。

恰在此时,天下极贵、极尊、极强的权力开始发散出耀眼的光芒,宛如一道霹雳划散开公孙弘黑暗的心室,"朝为田舍郎,暮登天子堂"的人间奇迹由此产生。

武帝看到公孙弘的对策,觉得非常好,就擢选他为第一名,召他入朝参见。看到他"状貌甚丽",就拜为博士。其后,公孙弘一路平步青云,仅用六年,就从一名普通博士,升为丞相,位极人臣。

我疑惑的是,难道公孙弘第一次当博士的时候,武帝没见过他吗?怎么感觉第二次仿佛人生初见一般。

公孙弘第二次为官,虽然登场华丽,却和第一次很雷同。武帝又让他担任使者,只是这次方向不同,不是北面的匈奴,而是南面的西南夷。

公孙弘肯定不是当外交官的料。汉朝正在修治西南夷通道,设置郡县,巴蜀百姓身受其苦,武帝让他前往视察,回朝奏明实情。公孙弘回来后,极力诋毁西南夷是无用之地。这次还好,武帝既没有听从,也没有贬斥。

如果，公孙弘仅是性格倔强，恐怕永远没有机会一步登天。他的成功主要基于两个优点，而这两个优点又对应着被人诟病的缺点，我们可以合并起来看。

其一，公孙弘善于揣摩武帝的心意，武帝认为他"其行敦厚"，颇为信任。这个优点和两次出使的遭遇有些矛盾，也许是他后面学乖了？

在朝会议政之时，公孙弘都会将自己的意见陈述出来，让武帝自己选择，从不当面反驳或者争论。虽然公孙弘是儒生，可毕竟以前做过吏。外儒术、内法术，颇得武帝喜欢。

因为此性格，公孙弘一年之间迁升左内史，几年后升为御史大夫，相当于副丞相。火箭般的升速，自然会获得别人的妒忌。

比如主爵都尉汲黯是汉朝有名的直臣，生性素来耿直，喜欢直谏廷诤。公孙弘在朝廷奏事的时候，往往先问清楚汲黯所奏之事，等他先发完言，然后再详加推演，武帝就非常喜欢。

有一次，公孙弘和公卿们约好共同上奏某事，结果上朝后完全违背约定，察言观色、见风使舵起来，一味顺从武帝旨意，将同事们集体出卖，这种行径自然引起极大的公愤。

汲黯是个火暴脾气，当庭就骂："齐人多伪诈而不老实，先前与臣等提出以上建议，现在却又完全背弃约定，这是对皇上的不忠啊！"

公孙弘谢罪道："知臣者以臣为忠，不知臣者以臣为不忠。"

武帝自然需要有人站在自己一边，认为公孙弘说得有道理，愈发信任他，同事们就更加讨厌阿谀奉承的公孙弘。

公孙弘未必每件事情都唯武帝之命是从，有些主张，他一直坚持到底，比如他极力主张罢除西南夷。当时，武帝命唐蒙、司马相如通"西南夷"，又于东北濊貊①地区设置沧海郡，于河套以南地区筑朔方郡。公孙弘为此，数度劝谏，他认为这是劳民伤财去经营无用之地，希望能停止。

武帝派出以"覆水难收"闻名的朱买臣去驳斥公孙弘，发出十条策问，论证设置朔方郡的必要性。公孙弘一条都驳不倒，认罪说："我是山东粗鄙之人，不了解朔方郡如此有利，希望能罢去西南夷、沧海郡，专一经营朔

---

① 濊（音 huì）貊（音 mò），中国东北南部地区和汉四郡故地的古老的地区部族。

方郡。"武帝这才答应他的要求。

这场胜利有些狡黠，武帝最终同意罢去公孙弘早就看不惯的西南夷，至于公孙弘是否真心要罢朔方郡也不得而知。之所以面对朱买臣的驳斥，他不做批驳，只是不敢忤逆武帝罢了。

公孙弘精通做官诀窍，会揣摩武帝心意，善于运用才智权术，是其成功的首要因素。

其二，公孙弘生活艰苦朴素，吃饭就吃一道肉菜和只去皮壳、不加精制的米。所得俸禄大都给宾客和好友，家中几乎没有余钱，在奢侈糜烂的大臣中特立独行。

即使如此，他还是受到同事们诟病，跳出来的又是那位疾恶如仇的汲黯。他说："公孙弘位居三公，俸禄非常多，可他却盖麻布被，这是在欺骗世人。"

武帝去问公孙弘，他又谢罪道："有这回事。九卿之中和我友善的莫过于汲黯，可他今天却在朝廷上质问我，的确是切中要害。作为三公而盖麻布被，的确是想巧饰欺诈、沽名钓誉。不过我听说管仲在齐国为相，有三处府库，奢侈得如同国君，桓公用他得以称霸，这对上是僭越国君，而晏婴为相辅佐景公，一顿饭不吃两种以上的肉菜，小妾不穿丝织的衣裳，齐国也得以大治，这又是晏婴向下自比于百姓了。如今我位居御史大夫，却盖麻布被，使得上自九卿下至小吏，全没有了差别，确实像汲黯所说的那样，况且如果没有汲黯，陛下又怎能听到这些话呢？"

这番话说得非常漂亮，既没有贬低告状的汲黯，又自比齐国的名相晏婴，抬高身价。武帝听后，非常满意，认为公孙弘很谦让，更加厚待于他。

司马迁也认为公孙弘的贤是伪装，他评价说："公孙弘为人猜疑忌恨，外表宽宏大量，内心却城府很深。那些曾经同公孙弘有仇怨的人，虽然公孙弘表面和他们相处很好，暗中却加害于人予以报复。"比如董仲舒为人廉洁正直，公孙弘对《春秋》的研究又不如他，暗地里非常忌恨，就向武帝建议，让董仲舒去为人残暴凶狠的胶西王手下担任国相。

被《本草纲目》称为"豆腐创始人"的淮南王刘安，阴谋策划叛乱之时，曾将汲黯和公孙弘有所比较，他说汲黯很难游说。游说公孙弘，就像把蒙在物体上的东西揭掉，把将要掉落的树叶摘下来那样轻而易举。其人品可见一斑。

由于善于逢迎武帝和为人艰苦朴素,公孙弘从一介布衣,跃至卿相之位。根据汉律,未封侯者不能任丞相。武帝为其大开方便之门,任命公孙弘为丞相后,封其为平津侯,由此官至丞相而封侯,成为制度。

现如今,公孙弘的名气远没有董仲舒来得大。但在当时,公孙弘却是年轻人的偶像,他因研读《春秋》而拜相封侯,引领时尚。由他起,很多人都开始学习经典,谋求上进之路,他开了风气之先。

公孙弘是儒生,却未有著作传世,据说其曾著有《公孙弘》十篇,现已失佚。这本著作在当时一字值百金,想来是公孙弘的政治地位造成的,而不是学术价值。他是一名政治家,用执政的方式在推动儒家的发展。他提出和拟定"五经博士"设弟子员的措施,以及为在职官员制定了以儒家经学、礼义为标准的升官办法和补官条件。

比如,他建议遵循"三代之道",以实现天下"教化"为务,先办好中央官学,而后推广于地方。

他建议,为博士官设置弟子五十人,免除徭役。太常从百姓中选择十八岁以上、仪态端正的人,充当博士弟子。

他建议,郡国县官发现有爱好文献经典、敬重尊长上级、恭守政教、顺行乡里、出入不违背礼教的人,县令、国相、县丞报告所属的"二千石"。"二千石"谨慎查看认为可以的人,就和推荐的官吏一起,到太常去,像弟子一样受业。

当时,虽未开设科举考试,但公孙弘的规定改变了汉初吏员以法家为主的局貌,而以儒家经学、礼义作为升官办法及补官条件。升官是以"通一艺(经)以上""先用诵多者"为准,其中品级高的可任左右内史、太行卒史,品级低的也可任郡太守卒史或边郡太守卒史。

武帝时,儒家和政治尚未水乳交融,公孙弘的执政难免会在政治和儒家中作出摇摆,甚至遭到儒生们的攻击。

公孙弘曾建议,百姓不准携带弓弩,是因为盗贼们若使用弓弩,官吏们很难近身抓捕,盗贼们就易逃脱。禁止弓弩后,盗贼只能短兵相接,只要官兵人多势众,就容易抓捕。这个建议从政府管理上来说具有一定的合理性,却遭到董仲舒徒弟吾丘寿王的强烈抨击,他认为制作兵器的目的不

是用来互相伤害，而是"禁暴讨邪"，安居时，用兵器制服猛兽以防备突发事件，发生变乱的时候，就用它们设卫防守。圣王应该用教化百姓来代替防暴。弓箭是老百姓实施大射之礼之物，良民自卫皆须弓弩。这个逻辑颇类似于当今美国的"禁枪令"难以实施的原因。

听到吾丘寿王的批评后，公孙弘只能承认自己理亏，接受批评。

元狩二年（前121年）春三月戊寅，担任六年丞相的政治家公孙弘薨于任上，谥号献。

第七篇

汉朝首席宗师

第一回　天人三策

董仲舒（前179年—前104年）是广川（河北省衡水市景县广川镇大董故庄）人。

董仲舒于少年时研习《公羊传》，景帝拜其为博士，成名极早。

董仲舒涉猎先秦诸子，对儒家其他经典也有精到见解。董仲舒曾和精通《诗》《易》的韩婴"论上于前"，想来他对这两经的研究也属上乘。

董仲舒之所以成为汉朝首席宗师，首要原因在于读书勤奋。司马迁说"盖三年董仲舒不观于舍园"，班固说"盖三年不窥园"，两人都赞叹"其精如此"。

随着时间流逝，历史的多密度河水不断演绎"三年不窥园"。两汉之间的儒生桓谭说："专精于述古，年至六十余，不窥园中菜。"（《新论·本造》）从"不窥园"，变成"不窥园中菜"。

宋代编纂的《太平御览》第八百四十条引《邹子》，说："董仲舒三年不窥园，尝乘马，不觉牝牡。……志在经传也。"

这一段太搞笑，为突出圣人的勤奋，一定要在"三年不窥园"后狗尾续貂一下，说乘马的时候不分公马、母马，这不是把大儒往傻子的方向塑造吗？

《邹子》传说是战国人邹衍的作品，现已亡佚。战国人怎么会知道汉朝的事？明显是后人强加附会，不足为信。

现在，儿童故事里的"目不窥园"大致如下：

一代儒学大师董仲舒，自幼天资聪颖，少年时酷爱学习，读起书来常常废寝忘食。其父董太公看在眼里急在心上，为了让孩子能歇歇，他决定在宅后修筑一个花园，让孩子能有机会到花园散散心。

第一年，董太公一边派人到南方学习，看人家的花园是怎样建的，一边准备砖瓦木料。头一年动工，园里阳光明媚、绿草如茵、鸟语花香、蜂飞蝶舞。姐姐多次邀请董仲舒到园中玩。他手捧竹简，只是摇头，继续看竹简，学孔子的《春秋》，背先生布置的《诗经》。

第二年，小花园建起了假山。邻居、亲戚的孩子纷纷爬到假山上玩。小伙伴们叫他，他动也不动，低着头在竹简上刻写诗文，头都顾不上抬一抬。

第三年，后花园建成了。亲戚朋友携儿带女前来观看，都夸董家花园建得精致。父母叫仲舒去玩，他只是点点头，仍埋头学习。中秋节晚上，董仲舒全家在花园中边吃月饼边赏月，可就是不见董仲舒的踪影。原来董仲舒趁家人在赏月之机，又找先生研讨诗文去了。

我不知道这段故事的作者是谁，文笔也很优美。只是，这纯粹是儿童故事，不是儒家故事，史书上只有"三年不窥园"一句话而已。

"三年不观于舍园"和"三年不窥园"，是有些不同的。《说文解字》中说"观，谛视也"，"观"有审查、观察的意思。"窥，小视也"，虽然现在的"窥"也有观察的意思，但其本义是从小孔或缝里看。

两位大师的一字之差，情形立刻不同。我觉得司马迁的"观"更合情合理，应是董仲舒勤于读书，没有时间打理房屋和庭院，以至于茅草丛生，房屋破陋。

同时，我们可以看出，董仲舒家是有钱的，至少比公孙弘有钱。家中有舍园，三年之内，以读书为业，不用谋生，家庭出身应是不错。

董仲舒成名早，师承却不明确。大儒向来博采众长，未必仅学一家之言，从儒家诞生以来，声名显赫的儒家学者，如孔子、孟子等宗师，师承都不甚明了。

董仲舒的师承不明，弟子却是众多。他讲课时，会放下帷幕讲授经典，弟子们根据入学时间先后，依次被辗转传授，有的甚至都没有见过老师，他的弟子中可能就有司马迁。

武帝即位后，下令荐举贤良文学之士，先后达一百多位，董仲舒也上奏应对，以求富贵之路，弘扬自己学问之道。《史记》里并未记录董仲舒的对策，《汉书》却详细地记录了武帝的策问和董仲舒的对答，共有三次。这三次问答涉及天人关系，史称"天人三策"。

仅看《汉书·董仲舒传》中的"天人三策"，我们会形成一种错觉，仿佛董仲舒在和武帝直接对话，过去很多儒者大都认为此事是武帝"罢黜百家，独尊儒术"的肇始，但其实我们应该清醒地认识到，独尊儒术是一个漫长的历史演变过程，不是仅靠某一道策书而成功的。

如果没有董仲舒的"天人三策"，独尊儒术依然会成为现实。董仲舒之所以被后世尊奉为"独尊儒术"的旗手，恐还是因为"天人三策"系统地梳理了儒家的思想。

武帝的第一问核心在于"三代受命，其符安在？灾异之变，何缘而起？"（今译：夏商周三代的君主承受天命，他们的依据何在？灾异变故，又是因为什么原因而发生呢？）

他发现五帝三王治理国家，都是"改制作乐而天下洽和"，后来的国王也是这么做的。到桀纣的时候，王道就开始败坏了。五百年间，遵守旧制度的国君和大臣们想效法先王之道，但没能成功扭转局面，王道衰败，直到新王朝取代他们。

武帝的困惑就来了：这样的历史轮回究竟是为什么，汉朝能否避免这样的循环？难道是前朝的信仰有错，还是他们已经失去传统？或者，天命本就如此，非人力可为呢？

第一问并非仅仅是针对董仲舒，其中有"子大夫"的语言，应是针对所有人的发问。

董仲舒的第一策是从其擅长的《春秋》出发论证，提出"天人感应""君权神授"的理论。

他指出，"国家将有失道之败，而天乃先出灾害以谴告之，不知自省，又出怪异以警惧之，尚不知变，而伤败乃至。以此见天心之仁爱人君而欲止其乱也。"（今译：国家将要发生违背道德的败坏之事，那么天就会降下灾害来谴责和提醒它。如果不知道醒悟，天又会生出一些怪异的事情来警告和恐吓它，这样还不知道悔改的话，伤害和败亡就会降临。由此可见，天对人君是仁爱的，希望帮助人君消除惑乱。）

又提出"道者，所繇适于治之路也，仁义礼乐皆其具也。"（今译：道就是达到治理国家的道路，仁、义、礼、乐都是治理国家的工具。）他认为治乱兴废都在于君王自己，世遭衰乱并不是天命，不是不可挽回的，而是由于君王的行为荒谬，失掉了先王优良的传统。所以，"天下之人同心归之，若归父母，故天瑞应诚而至。"（今译：天下的人都同心归顺君王，就像归顺父母一样，所以天感应到诚意，祥瑞就出现。）

"天人感应"是董仲舒的理论创建，他认为天与人交感相应，认为天能影响人事、预示灾祥，人的行为也能感应上天。

这是他借用当时流行的阴阳五行理论，又结合《春秋》的历史事件分析，提出的理论体系。主要包含两方面的内容：

其一是"灾异谴告"，就是把自然灾害和统治者的错误相挂钩。

其二是"天人同类"，把"天"人格化，所有人的行为都是天的反应。

董仲舒的理论从两个事物中寻找关联性，再寻找必然性。比如自然灾害与王朝兴衰，应该是有关系的。

著名的地理学家和气象学家竺可桢于1972年发表《中国近五千年来气候变迁的初步研究》，结合史学、物候、方志和仪器观测等方面，证明近五千年来，我国在最初的两千年，从仰韶文化时代到河南安阳殷墟时代，年平均温度比现在高2℃左右。在这以后，年平均温度有2—3℃的摆动，寒冷时期出现在公元前一千年（殷末周初）、公元四百年（六朝）、公元一千二百年（南宋）和公元一千七百年（明末清初）时代。汉唐两代则是比较温暖的时代。这种气候变迁是世界性的，气候变冷先从太平洋西岸开始，由日本、中国东部逐渐向西移到西欧，温度回升时则自西向东行。

略有历史知识的读者就会联想到，这四个寒冷时期正是中国历史发生大变迁的时代，特别是后三个时期，都是寒冷地区的北方游牧民族向南方发展，由此导致中原大乱的时期。公元四百年左右是北方五胡十六国的动荡时期，公元一千二百年左右是金兵南下的靖康之难时期，公元一千七百年左右是清军入关时期。

由此可见，自然灾害与王朝兴衰确实息息相关，董仲舒能把这两个事物联系在一起，是具有超强洞察力的。不过，他只是停留在思想阶段，没有经过科学研究。所以，他的结论自然就有些因果倒置：自然灾害是上天对暴君的惩罚，只要修德而讨上天的喜欢，灾害就会消除，这恐怕很难有说服力。

据班固记载，武帝读董仲舒的对策后认为很不寻常，发出第二问。第二问，还是问群臣，并非针对董仲舒一人而言，他说："今子大夫待诏百有余人……各悉对，著于篇。"（今译：现在大夫们等待诏命的有一百多人，每个人都可以尽意答对，写在篇上。）

第二问中，武帝的纠结有点意思。有两种统治者，一种是很潇洒的，比如虞舜，平常就在宫殿里散散步，垂拱无为，天下太平。另一种就很苦闷，比如周文王，每天忙得焦头烂额，人像陀螺一样转，连吃饭的时间也没有，天下也很太平。中国帝王之中有相当一部分是兢兢业业、劳心费神的，可是勤奋未必会有效果，有时甚至会国破家亡。

武帝觉得自己就是第二种苦闷的统治者，一天到晚忙忙碌碌，夙寐晨兴，亲自耕种籍田为农民做榜样，鼓励百姓孝敬父母、友爱兄弟，尊敬有德行的人，同时派出很多使者，慰问劳苦人家，救济无父母、子女的孤独之人，一切办法都试过，但并没有收到很大的成效。

真是郁闷之极。

针对武帝的困惑，董仲舒献上第二策，他说，陛下的所作所为，都是尧舜的做法。可是没有得到贤人，主要是因为平时对士人不鼓励劝勉，平时不培养人才却想寻求贤人，就好比不雕刻玉却要求玉有文采一样。所以，他建议兴太学，培养干部人才。官员的考核要按照是否称职来进行，不是论资排辈，时间一长就能升官。

第二问中，董仲舒给出兴教化、选人才、重考核的建议，非常中肯。但是，相较于公孙弘的具体举措，董仲舒的建议仅流于清谈。当然，这也

是因为此时的董仲舒是一介书生，并没有公孙弘的实权。

武帝继续第三问，同样是泛泛地针对"子大夫"们：我问你们"天人之应，上嘉唐虞，下悼桀、纣"，我想虚心改正错误。你们通晓阴阳的变化和作用，熟悉先王的事业，却没有把这些思想充分表达出来。你们说的都是大道理、原则性的内容，已经写出大道的最高原则，陈述治理乱世的方法，但还不具可操作性，希望你们能够具体再具体，细化再细化。

董仲舒的第三策，根据"天人之应"展开阐述，他说："圣人法天而立道，亦溥爱而亡私，布德施仁以厚之，设谊立礼以导之。"（今译：圣人效法天建立道，也广施仁爱，没有一点私心，布施恩德和仁爱，来厚待百姓，设立义理和礼制去引导人民。）还拿出《春秋》来引章据典。"孔子作《春秋》，上揆之天道，下质诸人情，参之于古，考之于今。故《春秋》之所讥，灾害之所加也；《春秋》之所恶，怪异之所施也。"（今译：孔子作《春秋》，上是度量天道，下是验证人情，参看古代，考察今时。所以，《春秋》所讥讽的，就是灾害所侵犯的。《春秋》所厌恶的，就是怪异所触及的。）

在董仲舒的理解中，《春秋》就是天道，国家的管理只要依靠它来施行，就不会违背天意，也就会运作良好。

今日看，这种阐述难免有些牵强附会。

统治者和管理者确实要遵从规律。然而，《春秋》是否有全面阐释社会、宇宙规律的功效呢？

肯定没有。

我们今天使用科学方法，都没有完全明了社会、宇宙的规律，何况单凭一本古书呢？

但是，董仲舒相信，《春秋》有这样的功效！

董仲舒有一个著名的实践："春秋决狱"，就是用《春秋》中的原则和案例作为判案的依据。《后汉书·应劭传》中记载，董仲舒曾撰写《春秋决狱》二百三十二事，该书已亡佚，只存零星案例散见于《太平御览》《通典》等。

且举《通典》中一例，看董法官如何判案：

甲某没有儿子，在路旁捡到弃婴乙某。乙某长大后，杀人有罪，告诉甲某后，甲某把乙某隐藏起来。问：甲某应该如何论处？

董仲舒的判决是：甲某无子，乙某虽非其亲生，但甲某从小将乙某养大，相当于亲生。根据《春秋》经义,"父为子隐",甲某可以藏匿乙某,不需负法律责任。

"父为子隐"出自于《论语·子路》中的一段话:"叶公语孔子曰:'吾党有直躬者,其父攘羊,而子证之。'孔子曰:'吾党之直者,异於是,父为子隐,子为父隐,直在其中矣。'"(今译:叶公告诉孔子说:"我那里有个坦白直率的人,其父偷羊,他便告发。"孔子道:"我们那里坦白直率的人和你们这里不同:父亲替儿子隐瞒,儿子替父亲隐瞒——直率就在这里面。")

这是我国古代法制中非常重要的一条原则"亲亲相隐",源头就是董仲舒的"春秋决狱"。这条原则在中国走向现代化的过程中,不断受到质疑:甲某帮助一个杀人犯逃避惩处,一定是违法的。然而,古人坚持的"亲亲相隐"这一原则也有保护亲情与家庭的考虑。

我们在此,不做法律上的展开和论述。历史上遗留下董仲舒"春秋决狱"六则,可供大家了解和参考。

在第三策的最后,董仲舒提出非常重要的建议:"臣愚以为诸不在六艺之科孔子之术者,皆绝其道,勿使并进。邪辟之说灭息,然后统纪可一而法度可明,民知所从矣。"(今译:臣认为凡是不属于六艺的科目和孔子学术的学说都应一律禁止,不许它们获得同样的发展。如此,邪僻的学说消失,然后学术的系统可以统一,法令制度就可以明白,人民也知道自己服从的对象了。)这也就是后来"罢黜百家,独尊儒术"的依据。董仲舒希望借此统一学术系统,明确法令制度,让老百姓有所服从。

第二回　江都正谊

"天人三策"完毕后,效果怎么样呢?历史上都说,效果不错,武帝很满意。

但我只能说效果一般,或者说不怎么好、没达到预期。董仲舒仅被任命为江都国(今江苏省扬州市)相,辅佐易王刘非。

我们可以拿董仲舒和公孙弘比一比。

公孙弘对策完毕，在有关部门的打压下，武帝还是把他提升为第一名，并召见。

董仲舒呢？不知道被列为几等，恐怕武帝也没有召见。如有召见，班固一定会大书特书。班固能把"天人三策"详细留存，但并未记录下武帝召见董仲舒的情形，恐怕是并未发生此事。

再则，我们可以拿董仲舒和公孙弘、贾谊的官职比较一下。

一般来说，皇帝对谁满意，总是希望将其留在身边，而不是外放。公孙弘直接留在金马门待诏，一直没有离开过京城。而贾谊却被群臣排挤，担任长沙王太傅，从此心情郁闷。所以说，在汉朝担任诸侯国相，不能算是提拔。这对京城官员来说，是贬官。对无官的平民来说，是安抚和笼络，让你待在体制内，但没有实权。

再则，董仲舒去的是江都易王刘非手下做官。

刘非何人？

刘非是景帝的儿子、武帝同父异母的哥哥。他虽是诸侯王，却不像一般的富家子，刘非颇有胆气。董仲舒在刘非手下工作，非但没有实权，还有危险，因为刘非并不好相处。

十五岁时，刘非任汝南王。时值吴楚七国叛乱，他主动上书，自请击吴，被任为将军，吴破之后，他被迁为江都王，治理原吴国之地。他还因军功，被赐予天子的旌旗。

武帝时，匈奴大举入侵边境，刘非再次上书，表达自己想领兵出击匈奴的意愿。只是今时不同往日，武帝绝不会允许一个老资格的、善于治军的诸侯王出现，所以没同意。

刘非和董仲舒有过这样的对话，颇显示其野心。

刘非说："越王勾践和大夫泄庸、文种、范蠡密谋伐吴，遂灭之。孔子称殷有三仁（三位仁人），我认为勾践也有三仁。齐桓公决疑于管仲，寡人决疑于先生您啊。"

刘非自比勾践、齐桓公，将董仲舒比作三仁、管仲，其志不小。

董仲舒赶紧谢绝："臣愚不足以奉大对。春秋时，鲁僖公问大夫柳下惠：'我想攻打齐国，怎么样？'柳下惠说：'不可。'他回家后而有忧色，说：'我听说伐国不问仁人，此言何为至于我哉！'柳下惠只是被询问罢了，尚且感到羞愧，何况是设诈来伐吴呢？由此说来，越国根本没有一位仁人。仁人是'正其谊不谋其利，明其道不计其功'的，所以孔子之门，五尺之童也羞于谈论春秋五霸，因为五霸是先诈力而后仁义也，所以不值得孔子的门徒谈论。五霸比其他诸侯贤明，可是和三王相比，就好像似玉的石块和美玉相比一样啊。"

这段对话，刘非是用董仲舒的本专业《春秋》中的案例来暗示董仲舒自己的心思，而董仲舒干脆跟他挑明，我不可能帮你攻略他人，更不可能谋朝篡位，刘非听后，只能说"善"。

"正谊明德"是董仲舒的核心思想，即"正其谊不谋其利，明其道不计其功"。近几年，扬州重修董子祠和正谊书院，传播儒家文化，希望今后有更多的朋友看到正谊书院，就能想到大儒董仲舒。

据说董仲舒治国，以《春秋》灾异之变来推究阴阳错行的原因，所以求雨时，闭阳纵阴，止雨时，就闭阴纵阳。这种祈雨止涝的方法推行到江都全国，没有不得所求的。

真是神乎其神，董仲舒都快成《三国演义》中的诸葛亮了。

纵使如此，董仲舒也没有得到朝廷的认可，反而还被废为"中大夫"。现在已不清楚"中大夫"是什么职位，有人说是"掌议论"之官，居于都城长安。

就在董仲舒被废期间，辽东高庙（辽东郡祭祀汉高祖之地）、长陵高园（汉朝皇帝祭祖之地）先后发生火灾。

董仲舒在家里又开始推论天降火灾和人世的关系，奏章草稿写好之后，还没有上呈给武帝。此时，一位名叫主父偃的朋友来探望董仲舒，私自看了奏章草稿，发现其中的奥秘。想来，主父偃知道武帝对其中的言论并不满意，就把草稿偷走，上交给武帝。

武帝召集许多儒生，让他们评论董仲舒的草稿。董仲舒有个学生叫吕步舒，不知道这草稿是他老师写的，就批评奏章里的观点非常愚昧。

武帝顺势把董仲舒交官问罪，官员一看皇帝发怒，二话不说，要判处董仲舒死刑，武帝下诏赦免。此事后，董仲舒再也不敢谈论灾异变化。

后来，据说公孙弘觉得董仲舒对《春秋》的研究水平远超自己，因此妒忌董仲舒，就想趁机陷害，推荐他出任胶西王刘端的国相。

刘端和刘非一样，都是武帝的哥哥，也都是不太平的主。相较而言，刘端更恐怖，为人放纵，凶残蛮横，多次谋杀朝廷派去的二千石官。

刘端大概患有阳痿，一接触女人，就会病上几个月。所以，他开始喜欢男宠，任命一个宠爱的年轻人当郎官。结果，这位郎官仗着宠信，淫乱后宫，刘端得知后非常生气，立刻捕杀了他，同时杀掉了郎官的儿子和母亲。

刘端屡次触犯天子法令，很多大臣向武帝请求诛杀他，武帝不忍心下杀手，结果刘端的恶劣行为愈演愈烈。有官员请求削夺他的国土，武帝同意了，削去其大半封地。

刘端怀恨在心，开始干各种匪夷所思的事情，比如对国内的钱财不再计算管理，同时命令官吏不准收取租赋。府库全都倒塌破漏，腐坏的财物以亿万计算，也不派人收拾整理。他又撤除所有王宫的警卫人员，封闭宫门，只留下一个门。刘端每次都会像幽灵一样，从唯一的宫门里溜出，改换姓名，假扮平民，游荡到其他郡国去。

在这样一位诸侯王的手下工作，注定凶险无比。凡是朝廷派往胶西的官员，如果要秉公行政，刘端一定会鸡蛋里挑骨头，找出他们的过错，向朝廷汇报。

如果实在找不到骨头，他就玩更狠的，直接设计用药毒死他们，为此被害的官员很多。董仲舒要去这样的地方担任国相，难怪别人说他是被公孙弘故意陷害的。据说，公孙弘向武帝建议说：“只有董仲舒可担任胶西王国相。"

董仲舒去胶西之后，刘端听说他是有名的儒家大师，待他比较尊重，倒也没有迫害他。不过，董仲舒害怕在刘端这待长之后会遭遇不测，不久，就以年老多病为由，辞职回家。

两度出任国相，却都是凶险之地，很难说朝廷对他是重用的。

董仲舒叶落归根，一直在家，直到终老。据说朝廷如有重大问题要讨论时，还会派使者和廷尉张汤到他家征询意见。

最终，董仲舒寿终，儿子和孙子都凭学问做了大官。

董仲舒的一生并不辉煌，和公孙弘相比，有云泥之别。他是被班固炒热的：在司马迁眼里，董仲舒只是诸多儒生中的一位，而在班固眼里，他却成为儒家道统的继承人。

《汉书》在《董仲舒传》后附有一段评论,借用汉代宗亲、著名文学家刘向、刘歆父子之口,将董仲舒推向儒家的圣坛。

刘向对董仲舒是极力称赞和追捧的:"董仲舒有王佐之才,即使是伊尹、吕望也不能超过他,管仲、晏婴之辈,是霸主的辅佐,怕是不如他吧。"

儿子刘歆并不认同刘向的观点,他说:"伊尹、吕望是圣人的伴偶,王者得不到他们就不能兴起。故颜渊死,孔子曰'噫!天丧余。'唯有颜渊一人能和伊尹、吕望相比,至于宰我、子贡、子游、子夏等人就不能列入圣人之列了。董仲舒遭逢汉承秦灭学之后,《六经》分崩离析,于是他下帷发愤钻研,潜心经学大业,使后来的学者对儒家学说有了系统一致的认识,成为群儒的首领。可是考察他的师友渊源,看他们彼此间的影响,董仲舒还赶不上子游、子夏,却说管仲、晏婴不如他,伊尹、吕望超不过他,这种看法是不对的。"

最后,《汉书》提到,刘向的曾孙刘龚是善于评论人物的君子,他认为刘歆对董仲舒的评价是恰当的。

看起来刘向和刘歆父子的观点不同,刘向过于拔高董仲舒,刘歆却认为董仲舒低于子夏之类。然而,即使是按照刘歆的最低标准,虽然董仲舒师承不清,仍然是与子游、子夏等人并列的孔门传人,无疑是肯定他的地位和身份了。

第三回　春秋繁露

董仲舒身后留下丰富的著作,据称"仲舒所著,皆明经术之意,及上疏条教,凡百二十三篇。而说《春秋》事得失,《闻举》《玉杯》《蕃露》《清明》《竹林》之属,复数十篇,十余万言"(《汉书·董仲舒传》)。

现存有《春秋繁露》一书,收集董仲舒的作品共十七卷、八十二篇。书中篇目和《汉书·艺文志》及本传所载不尽相同,后人怀疑其并非出自董仲舒一人之手。《春秋繁露》的书名,应该是后人所加,大概是把董仲舒的遗文收录成书，再加此书名而成。

皇皇十余万字让董仲舒的思想体系得以完整保存，也由此让其成为儒家思想的继承人。在此，我们需要回顾儒家思想的两条基本路径：

路径一乃人性。主要问题是，人性的本源是如何的，人性如何达到善？以孟子的"性善论"和荀子的"性恶论"为代表。

继荀子之后，董仲舒认为人性有上、中、下三品，上品是"圣人之性"，是善的。中品是"中民之性"，也就是万民之性，"有善质而未能善"，必须通过王者的教化才能成善。下品是"斗筲之性"，是恶，再怎么教化也没有用，只能采用刑罚的手段来处置他们。

后来，东汉荀悦将董仲舒的学说加以提炼，明确提出"性三品"理念。

路径二乃天命。主要问题是，什么是普天下运行的规律，人的善恶最终由谁来裁决，人与天应如何互动。

孔子的"知天命"，孟子的"顺天命"，荀子的"制天命"。一步步转变，从认识天，到要驾驭天，人对天的认识在一点点变化。

天命到董仲舒这里，他也不说"制"还是"顺"，而是跳出这个范畴，直接赋予天以性格。他说，天是有意志的，和人一样"有喜怒之气，哀乐之心"，人与天是相合的。这被称为"天人感应"，这一学说集中体现在他的"天人三策"中。

董仲舒的"天人"更为宏大，他将儒家所考虑的自然、人伦、道德等现象都纳入宇宙体系去考量，儒家思想经过他的改造，演变成一个兼综阴阳刑名之学的理论体系。如果说董仲舒之前的儒家思想有些原始的话，他无疑将原始儒家思想体系化了，从而逐渐被历代统治者接受，他提出的几个核心理念作为儒家思想被长期沿用：

"大一统"。董仲舒作为"公羊学"大师，充分承继《公羊传》中关于封建大一统的主张。《公羊传》认为孔子在《春秋》中贯穿"大一统""拨乱反正"等政治"大义"，大力弘扬孔子拥戴周天子"天下共主"的立场。

董仲舒发扬这一观点，认为大一统天经地义，不可改变。有统一的思想，才可以制定统一的法制、号令。所以，不利于统一的思想，都必须加以禁止，然后才能上下一致，保证法制号令、规章制度的畅行。

"君权神授"。《春秋繁露》中说"天者，百神之君也"，"唯天子受命于天，天下受命于天子"。在董仲舒的理论构架中，"天"是宇宙间最高的主宰，是至高无上的神。君权代表天意，代天实行赏罚，具有无上权威。因此，君权也是神圣不可侵犯的。他在遇到天灾时给皇帝上书，认为是天用灾异对人君进行谴责。也是希望借此限制人君的过分残暴。

所以，他说"天，仁也"，"为政而任刑，谓之逆天，非王道也"。

"五行宇宙"。董仲舒结合阴阳五行学说，认为"天有五行：一曰木，二曰火，三曰土，四曰金，五曰水。木，五行之始也；水，五行之终也；土，五行之中也。此其天次之序也"。

"三纲五常"。董仲舒根据"天人感应"的原理，配合阴阳五行学说，提出"三纲五常"，"三纲"即为"君为臣纲""父为子纲""夫为妻纲"，五常即仁、义、礼、智、信。根据五行的理论，他又进一步说："天子受命于天，诸侯受命于天子，子受命于父，臣受命于君，妻受命于夫，诸所受命者，其尊皆天也，虽谓受命于天亦可"，"父者，子之天也。天者，父之天也"，"子不奉父命，则有佰讨之罪……臣不奉君命，虽善以叛……妻不奉夫命，则绝。"

董仲舒以《春秋》为基点，以《公羊传》为依据，将西汉早期的五行论和五德终始融入儒家理论之中，形成独特的天人感应学说。

五行论和五德终始的提出者是战国时期的齐人邹衍，他提出，天地有"金木水火土"五行，五行相克相生，人类社会都是按照五德（即五行之德）转移的次序进行循环。相克的顺序是：土克水，木克土，金克木，火克金，水克火，相生的顺序是：木生火，火生土，土生金，金生水，水生木。

秦汉至宋金之间，立国依据都是"五德终始"，"故自秦推五胜，以水德自名，由汉以来，有国者未始不由于此说"（欧阳修《正统论》）。

秦始皇认为周朝得到火德，秦朝兴起取代周德，必须采用周德不能战胜的德行。所以秦朝是水德，黄河改名为德水，作为水德的开始，以十月初一为元旦；衣服、符节和旗帜的装饰都以黑色为贵；数目以六位为单位《史记·秦始皇本纪》）。

西汉初期，刘邦认为自己是延续秦朝的，所以汉朝还是水德。

元封七年（前104年），武帝才决定改正朔，明确汉朝是土德，"土克水"，代表汉朝取代秦朝。易服色，表示受命于天，把元封七年改为太初元

年,以正月为岁首,服色尚黄,数用五。

刘邦立国,由于出身低微,不敢称取代,足见"五德终始"的威力。而武帝改土德,彰显出大汉立国的自信。

在儒家逐步由江湖走向庙堂,儒家思想逐步和执政理念融合的时候,董仲舒的理论无疑是有建树的。由此,这也拉开儒家融入和整合五行理论的序幕。

五德终始是神秘主义,也给儒家思想带来层层的神秘感,它的融入和孔子的罕言天道无疑是相悖的。但是,整个汉朝儒家都在推进五行论和五德终始与儒家思想的融合。这种融合直到东汉的图谶,到达登峰造极的地步。最后,东汉末年儒家崩溃,保留下的是神秘主义的内核,以至于魏晋南北朝时期的玄学盛行。

源头在董仲舒。

第八篇

登上政坛的儒家

第一回　儒家皇帝

武帝刘彻（前156年—前87年）是位儒家皇帝，他树立起儒家的统治权，"罢黜百家，独尊儒术"。

武帝令儒家地位有所提高，这是事实，但未必是"独尊"，也没有罢黜百家的举动。武帝对儒家的重视更多是有政治企图的，他期望用儒家建立起专属于己的政治班底。

武帝登基时，年仅16岁，朝廷大权牢牢掌握在他的祖母窦太后手中。从汉朝开始，中国形成"皇帝年幼，由太后摄政"的政治套路，一直到清朝的慈禧太后，才宣告终结。在男尊女卑的中国社会里，这个现象很有意思：一大群男人听命于幕后垂帘的女性，管理全天下的男性和没有社会地位的女性。

前述窦太后遵奉黄老学说的清静无为，然而，她对辕固生、王臧、赵绾等儒生就不再"无为"，而是举起屠刀，除之而后快。

年轻的武帝也希望依靠儒生们的力量与太后一党对抗，结果却是很惨

烈。窦太后罢逐王臧、赵绾等人,任命信奉黄老的柏至侯许昌担任丞相,武强侯庄青翟担任御史大夫。

这种政治冲突并不能明言,只是暗中角力,由此给我们留下的印象是,武帝推崇儒家。很难说武帝信奉儒家思想,在他手里,儒家是一件工具,一件刺破太后罗网的利器。

幸好,窦太后的寿命不长,武帝登基六年后,窦太后去世,22岁的刘彻开始自己独立的执政生涯。

没有束缚,就可施展拳脚,武帝立刻以"坐丧事不办"的借口,免去许昌、庄青翟的职务,并多次下诏求贤,一时之间,汉廷人才荟萃、熠熠生辉。

班固记录下武帝时人才的盛况:

"卜式拔于刍牧(卜式,原为山中放羊之人,羊有数千头。汉朝抵抗匈奴之际,卜式上书请求捐助一半家财,帮助边事。后,武帝请他担任郎官,为其牧羊。后又赐爵左庶长,担任过齐王太傅、丞相、御史大夫等职),弘羊擢于栗竖(桑弘羊出生于商人家庭,十三岁时以精于心算入侍宫中,历任侍中、大农丞、治粟都尉、大司农、御史大夫,是西汉时期的著名理财专家),卫青奋于奴仆(卫青是私生子,从小贫贱,其同母异父的姐姐卫子夫后来成为武帝的皇后。后,卫青出任军职,率军横扫匈奴,终成一代名将),日䃅①出于降虏,斯亦曩时版筑饭牛之朋已。汉之得人,于兹为盛,儒雅则公孙弘、董仲舒、兒宽,笃行则石建、石庆,质直则汲黯、卜式,推贤则韩安国、郑当时,定令则赵禹、张汤,文章则司马迁、相如,滑稽则东方朔、枚皋,应对则严助、朱买臣,历数则唐都、洛下闳,协律则李延年,运筹则桑弘羊,奉使则张骞、苏武,将率则卫青、霍去病,受遗则霍光、金日䃅,其余不可胜纪。是以兴造功业,制度遗文,后世莫及。孝宣承统,纂修洪业,亦讲论六艺,招选茂异,而萧望之、梁丘贺、夏侯胜、韦玄成、严彭祖,尹更始以儒术进,刘向、王褒以文章显,将相则张安世、

---

① 金日(音 mì)䃅(音 dī),匈奴休屠王太子,匈奴浑邪王杀休屠王后降汉,十四岁的金日䃅因父亲被杀、无所依归,便和母亲、弟弟随浑邪王降汉,被安置在黄门署饲养马匹。担任过侍中、驸马都尉、光禄大夫。武帝死前,将太子刘弗陵托孤于霍光与金日䃅,足见信任。

赵充国、魏相、丙吉、于定国、杜延年，治民则黄霸、王成、龚遂、郑弘、召信臣、韩延寿、尹翁归、赵广汉、严延年、张敞之属，皆有功迹见述于世。"

以上名字因篇幅有限，不及一一详述，真是群星璀璨。从中举出任何一人，都堪称一代豪杰。中华盛世的一大特点，就是无论庙堂之高、江湖之远都人才济济，而且江湖与庙堂之间畅通无阻。你的出身再卑微，只要有真才能，就一定能崭露头角，起于粪土之中，绝于青云之上。

秦穆公如此，汉武帝如此，唐太宗亦如此。

汉武帝爱才、识才、惜才，终开创汉武盛世，使大汉成为一个澄清宇内、威震四海的帝国。不过，综观这张人才清单，儒生的比例并不高。任命官员的时候，武帝也并不根据对儒家经典的理解能力安排职位，而是观察其实际能力，进行委派。

武帝虽未"独尊儒术"，却通过设立五经博士的方式，为此打下基础。不知道他有没有意识到，此举会让儒家经典独占官学权威，假以时日，熟练掌握儒家经典将成为步入政坛的唯一条件。

武帝认为，凭借他个人的英明神武，能将思想建设和吏员队伍建设分开，让儒生们担任博士的主要目的是为汉王朝的统治不断夯实理论根基。分配一些类似于封国的太傅、丞相之类的闲官给儒生们做，尽可能地笼络住知识分子，画定个圈，让他们在自己的眼皮子底下干活，不至于惹出事端。何况，武帝对封国诸侯王的态度本身就是限制再限制，作为诸侯王手下的儒生，自然也没有多少发挥的空间。

同时，武帝创立太学，为思想建设服务。随着历史发展，太学规模不断扩大。

与之相比，武帝的吏员队伍并不讲究，儒生亦可、非儒生亦可，只要有治国理政的能力，就一定重用。

思想建设和吏员队伍建设的分离，是武帝对待儒家的基本态度。

武帝之子昭帝刘弗陵（前94年—前74年）在霍光和金日䃅、上官桀等顾命大臣的辅佐下，基本继承着汉武帝的执政思路。

霍光、金日䃅、上官桀都并非儒生。

霍光是汉朝一位极尽显赫的权臣，离曹操只差一个"九锡"。他是霍去病同父异母的弟弟，霍去病是大将军卫青的外甥，但霍光和卫青没有血缘关系。

起初，霍去病的父亲霍仲孺和平阳公主府侍女卫少儿（卫子夫的亲姐姐，卫青同母异父的姐姐）私通，生下霍去病。霍仲孺始终不承认私生子，卫少儿也没有将身世告诉霍去病。霍去病直到建功立业后，才知此事，他为霍仲孺置办田宅，并将后母之子霍光带到长安栽培成材。

霍光从郎官做起，一直在皇帝身边服务，历任奉车都尉、光禄大夫，直到成为顾命大臣，执掌朝政。

上官桀年少时任羽林期门郎，历任未央厩令、太仆、侍中等职，武帝病重时拜为左将军，封安阳侯，成为顾命大臣。

这一执政思路尚能维持到宣帝刘询（前91年—前49年）时代，却在其子元帝刘奭[①]（前74年—前33年）手中被彻底摧毁，形成"独尊儒术"的局面。对于这一点，宣帝早有察觉。刘奭做太子的时候，宣帝就发现其柔仁好儒。

刘奭看到宣帝任用的大都是精通法制律令的官员，宣帝用刑名学派的思想制约天下，而大臣杨恽、盖宽饶等都因犯有诽谤朝政罪被诛戮，刘奭就趁陪伴宣帝宴饮的机会，从容进言："陛下持刑太深，宜用儒生。"

宣帝非常生气："汉家有自己的治国制度，霸道和王道并用施行，怎么能够纯用道德来教化呢？使用周朝的制度吗？况且庸俗的儒生不能领会时代的好处，好是古非今，使人眩于名实，不知要遵守什么，怎么能把国事委托给他们呢！乱我家者，太子也！"

宣帝很生气，后果很严重，他由此疏远太子，想改立淮阳王刘钦，还说："淮阳王明察好法，宜为吾子。"

由于刘奭之母许平君和宣帝是贫贱夫妻、义结糟糠。宣帝当上皇帝后，霍光夫人毒杀许平君，以便其女霍成君成为皇后。宣帝感念其母，才终究没有废除刘奭。

由此，为儒家揭开"独尊儒术"的新篇章。

[①] 刘奭（音 shì），汉元帝，汉宣帝刘询与嫡妻许平君所生之子，西汉第十一位皇帝。

第二回　功登麒麟阁

萧望之（？—前 47 年，字长倩）是历史上第一批以儒家出身、担任大臣的儒生之一，由此拉开儒家和政治紧密结合的帷幕。然而，这批儒生的遭遇预示着诸多儒家后人的命运：当儒生登上政坛后，他们往往高谈阔论、引章据典，堪为大儒。行政中，却绌于行动，对时事无所裨益。

萧望之登上政坛时很靓丽，既才华横溢，又富有正义感、不畏强权，堪称"德艺双馨"。

萧家世代以种田为业，萧望之从小好学，师从同县的后仓十多年，专心研究《齐诗》。后又根据制度到太常门下学习，师从以前的同学博士白奇，还跟随夏侯胜讨问《论语》《礼仪·丧服》，得到京师儒生们的一致称赞。

萧望之和儒生王仲翁一同受到长史丙吉的推举，受到大将军霍光召见。此前，因上官桀阴谋刺杀霍光，被霍光诛杀。此后，霍光对府内出入都严加防备，觐见的官吏和百姓，都要脱衣搜身，去除兵器，由两个属官挟持，才能入府。

萧望之见此情形，觉得太过受辱，就主动退出小门说："算了，我不想见大将军了。"属官们见他如此情况，气就不打一处来，大将军是你想见就见，不想见就不见的吗？立刻气势汹汹地将其拉住。霍光听说情况后，就告诉属官们不要挟持他，让萧望之来到跟前。

萧望之见到霍光，开始批评："将军以功德辅佐幼主，将要推行宏大的教化政策，以达到协调和平的统治，所以天下的士人都延颈企踵（伸长脖颈、踮起脚跟），争相效命，来辅佐高明的您。现在凡是要拜见您的士人都要先脱衣搜身、受到挟持，这恐怕不符合周公辅佐成王时一饭三吐哺、一沐三握发以招致寒士之礼吧？"

如此批评，自然让居功自傲的霍光气愤无比，他让王仲翁等人补任大将军史，唯独不用萧望之。三年后，王仲翁已升任至光禄大夫给事中，萧望之才以射策甲科作了郎官，被分配看守东苑小门。王仲翁出入，都是前呼后拥，有一次他对萧望之说："你不肯遵循常规，反而只作了个守门官。"

萧望之淡然地回答："各从其志。"

我们难免也会遇上这样发达的朋友，他会对因坚守良知而地位未显的我们冷嘲热讽，此时，不妨也回他一句"各从其志"。

原以为，萧望之的仕途会"触底反弹"。然而现实是，更深的底还在后面：几年后，他因为弟弟犯法，受到牵连，不能担任皇宫警卫，被免职回乡，担任郡吏。

萧望之的祖上迁徙于杜陵（今陕西省西安市东南），离首都不远。其后不久，御史大夫魏相让萧望之担任属官，经考核后任命为大行治礼丞。

霍光去世后，霍光的儿子霍禹担任大司马，侄子霍山担任尚书，霍氏亲属都宿卫内侍，继续把控朝政。

地节三年（前67年），京师长安突下冰雹。萧望之因此向宣帝上疏，希望得到接见，当面讲述灾异之意。宣帝在民间之时就听说过萧望之的大名，就说："这不是东海的萧生吗？将他带给少府宋畸问明情况，不必有所隐讳。"

萧望之回答："《春秋》记载鲁昭公三年大降冰雹，当时季氏专权，最终放逐鲁昭公。假如鲁昭公察觉天灾的征兆，就会避免这场灾祸。现在陛下凭借圣明之德居于皇帝之位，思政求贤，是尧舜的用心啊！然而祥瑞之兆还未出现，阴阳不和，这是大臣执政，一姓专权所导致的。只有圣明的君主亲自治理国家万事，选拔同姓，举用贤才，以为腹心，与他们谋划政事，命令公卿大臣朝见奏事，明白地陈述自己的职责，来考察他们的功劳才干。像这样，各种事情才能得到处理，公道立，奸邪塞，私权废矣。"

亲爱的读者，这段话有没有熟悉的感觉，是不是挺像董仲舒的语气，也拿天气的变异说事？

只是，董仲舒的议论有些没事找事，萧望之的对答却是切中宣帝的痛点，明摆着是针对霍氏专权而引发的议论。

萧望之由于自己的傲骨，和霍家一辈子对着干。宣帝不想成为傀儡，一心要摆脱霍家的政治势力，一拍即合。

这番对答甚得宣帝心意，宣帝任命萧望之为谒者，担任朝廷接待宾客的近侍。

宣帝将官民的上书交给萧望之处理。萧望之处理得体，接连提升为谏大夫、丞相司直，一年之内三次升官，做到二千石级的官员。

等到霍氏因谋反被诛杀，萧望之更受重用。

从两件事情，我们可以看清萧望之是个"官迷"，他做官的目标很明确，就是紧密地向权力的源头——皇帝靠拢。

一次，朝廷要挑选一批通达政事的博士和谏大夫担任郡守国相，就派萧望之担任平原太守。萧望之只想在朝廷任职，不想外放，于是上疏，写了一大堆话，也不直说是自己想留在京师，只说"朝无争臣则不知过，国无达士则不闻善"。

萧望之的上疏还挺有效，外放一段时间后，他就再被征调入朝廷管理少府。

没多久，宣帝准备让萧望之担任左冯翊①，而萧望之就是不喜欢当地方官，将调任左冯翊看成是降职，开始请病假。

其实呢，宣帝是觉得萧望之明晓经学、处事稳重，议事论理留有余地，才干可胜任丞相，想重用他，于是就想先考察他处理政务的能力，才派他去担任左冯翊。没想到萧望之反而担心得罪宣帝，因此请假。

这一请假，还真管用，宣帝派侍中、成都侯金安上（金日䃅的侄子）前去传达旨意，"朝廷所用之人都要经过治理民众来考察功绩。您从前当平原太守的时间很短，所以再将您派到三辅去考察，不是听到了什么不好的话。"一听此言，萧望之立刻"痊愈"，前往左冯翊赴任。

由此，萧望之和宣帝的关系进入了"蜜月期"，基本上萧望之的意见和观点都被宣帝照单全收，并最终实行。

比如，西羌反叛，汉朝派遣后将军赵充国率军讨伐。京兆尹张敞上书建议，大军出征，供给紧张，农业歉收，将会引起饥荒。希望能够使用罪犯来效命，除非是抢劫钱财、杀人和犯重罪不能赦免的罪犯，其他都可以送粮食到陇西以北、安定以西之郡的八郡来赎罪，以救急难。

萧望之强烈反对此项建议，丞相魏相、御史大夫丙吉也都认为西羌

---

① 左冯（音 píng）翊（音 yì），官名兼行政区名，汉代三辅之一。汉时将京兆尹、左冯翊、右扶风称三辅，把京师附近地区划归三个地方官分别管理。

反贼将要被击溃，转运的供给基本上可以满足需要，最终没有实施张敞的建议。

萧望之任左冯翊三年后，于神爵元年（前61年）被提升为大鸿胪，负责礼仪、郡国及少数民族等事务。

此前，北方少数民族——乌孙国王翁归靡上书，愿意将翁归靡与汉朝解忧公主所生之子元贵靡立为继承人。

解忧公主的名字虽好听，身世却有些凄惨，不知能解谁忧，又有谁能解解忧之忧？

解忧公主的祖父是曾参与七王之乱的楚王刘戊，刘戊叛乱失败，兵败自杀，其后人从此成为罪人。解忧公主被迫远嫁乌孙，肩负和亲使命。

她一嫁乌孙国王军须靡，以代替病死异域的刘细君，地位在同为妾室的匈奴公主之下。

军须靡死后，堂弟翁归靡继任国王，号"肥王"，她二嫁翁归靡。解忧公主和肥王生有三子二女：长子即是元贵靡，次子名万年，为莎车王，三子名大乐，为左大将，长女名弟史，为龟兹王绛宾之妻，小女名素光，是若呼翕侯①妻。

翁归靡死后，军须靡之子泥靡自立为王，号"狂王"，她三嫁狂王，生一子：鸱靡②。

翁归靡上书，就是在解忧公主二嫁之时。他同时表示，希望能再次迎娶汉朝公主，结为姻亲归附汉朝，背叛匈奴。

宣帝下诏让公卿商议此事，萧望之认为乌孙是边远的地域，别轻信他们的美言，万里结姻，并非长策。

这次，宣帝没有听萧望之的建议，派遣长罗侯常惠为使节，护送公主和亲元贵靡。使节还未出塞，翁归靡就死了，他的侄子泥靡背约自立为王。

常惠给宣帝上书，希望让公主暂留敦煌，自己去乌孙责备他们，再回来迎接公主。此事让大臣们讨论时，萧望之再次表示反对，他认为乌孙骑

---

① 翕（音 xī）侯，泛指外族首领。
② 鸱（音 chī）靡，"鸱"字最早出现在《山海经》中，"有鸟焉，一首而三身，其状如乐鸟，其名曰鸱"。

墙两端，难以结交。这次，宣帝接受他的意见，召回公主。

后来，解忧公主在 70 岁时，向宣帝上书，年老土思，愿得归骸骨，葬于汉地。宣帝怜悯她们，将解忧公主及其孙子、孙女三人接到长安。赐予田宅奴婢，一切规格如同宣帝亲生公主一般，两年后，解忧公主去世。

神爵三年（前 59 年），曾向霍光推举萧望之的丙吉升任丞相，萧望之由此接替丙吉担任御史大夫，离他的终极目标仅一步之遥。

五凤元年（前 57 年），匈奴大乱，很多大臣认为匈奴为害日久，可趁其内乱发兵消灭它。宣帝下诏派遣中朝大司马车骑将军韩增、富平侯张延寿、光禄勋杨恽、太仆戴长乐询等人咨询萧望之，萧望之引经据典，用《春秋》中晋国士匄①伐齐的典故说事：晋国士匄率军侵略齐国，听说齐侯去世，就率领军队回国，君子都称赞他不伐丧。

萧望之认为现在去讨伐匈奴，是趁别人内乱而幸灾乐祸的行为，匈奴一定会逃走远避。不因仁义而战，恐怕劳而无功。应该派遣使者吊唁慰问，辅其微弱，救其灾患，四夷闻之，都会钦佩汉朝的仁义。

宣帝听从其建议，派军队护送呼韩邪单于回匈奴，平定内乱。

这番对答符合大儒说事的一贯原则，就是从"经"中取材，阐述自己的想法。"经"成为大儒们行政的典章。当然，这一典章有时起作用，有时也不大灵光。但此次，萧望之的建议确实有大家风范。

如果没有"不伐丧"的胸襟，也就不会迎来历史上著名的甘露三年（前 51 年），呼韩邪单于来朝，从此匈奴无战事四十余年。

几件少数民族事务：西羌反叛、乌孙求和亲、匈奴内乱等，萧望之的应对可谓是切中要害，宣帝也都采纳。

萧望之的职业生涯似乎应该前途广阔，却没想到由此发生转折，究其原因，还是"官迷"作祟，急于"进步"。这次，他的矛头直指丞相丙吉。他奏言说："有些老百姓生活困乏，盗贼从未停止，二千石级的官员多有能力低下不称职的。三公的人选不当，日月星辰就会失去光辉，今年正月日月无光，责任在我们大臣身上。"

奏言模仿董仲舒的"天人感应"理论，虽然他说"咎在臣等"，但又把

---

① 士匄（gài），范文子士燮之子，著名法家先驱。

三公都批评进去，这不是针对丞相吗？

这做法，有些不地道，丙吉是狱吏出身，一步步走到丞相之位，声誉极好。对萧望之又有知遇之恩，虽未推荐成功，但也是萧望之自己惹出的事端。

年老的丙吉依旧受宣帝器重，皇帝觉得萧望之轻视丞相，于是命令侍中建章卫尉金安上、光禄勋杨恽、御史中丞王忠，一起诘问萧望之。萧望之吓得脱下官帽辩论。

其后，丞相司直繇延寿①上奏，告发萧望之的罪状：

其一，不敬使者。侍中谒者良奉旨下诏给萧望之，他只拜了两拜。良和萧望之说话，萧望之不仅不起立，还故意垂下双手，对御史说"良礼节不周"。

其二，不敬丞相。按旧例。丞相有病，第二天御史大夫就要问候病情。丞相数次生病，萧望之却不去探病；按照规定，上朝时大臣在大殿中会合，御史大夫应在丞相后面，丞相道别，大夫稍微前进，作揖。在大殿聚会时，萧望之却和丞相用相同的礼节；萧望之和丞相议事的时候意见不合时，他说："君侯，您的年纪难道能做我的父辈吗！"

其三，擅作威福。萧望之知道御史不得擅自使用权力，却多次派留守官吏自备车马，回杜陵照看家事。让少史戴着法冠为其妻引路。派官署去做买卖，这些人私下给他补助一共有十万三千钱。

其四，贪污所监管的财物达二百五十钱以上（当时律令坐罪之次）。

面对繇延寿的告状，我的眼前又浮现出面对霍光时的萧望之，年轻、傲骨、大义凛然。此时的萧望之和当年的霍光又有什么区别呢？

难道是萧望之忘记初心了吗？

难道是萧望之迷失方向了吗？

难道是萧望之让权力异化了吗？

都没有。

萧望之一直对权力痴迷着、执着着，他对丙吉和霍光，都是同一个态度：凭什么是你们高高在上？高高在上的应该是我！

---

① 繇（音 fán）延寿，繇同"繁"。西汉颖川人，西汉御史大夫，原担任丞相司直。

綔延寿认为萧望之触犯了法律，应该逮捕查办。但宣帝还是网开一面，一番斥责后，将萧望之贬为太子太傅。

这个任命既是对萧望之敲响的警钟，其实也是给其机会，让他做太子的老师，宣帝已经在做接班人布局了。

可当时的萧望之是郁闷的，黄霸、于定国等相继由御史大夫升任丞相，他只能眼巴巴地做太傅，教太子《论语》和《仪礼·丧服》。

甘露三年（前51年），宣帝因呼韩邪单于来朝、匈奴归降大汉，回忆往昔辅佐有功之臣，命人画十一名功臣图像于麒麟阁以示褒扬。这是历史上皇帝首次用画像的方式对功臣进行排名，后世与之相提并论的是东汉明帝的云台二十八将、唐太宗的凌烟阁二十四功臣。这十一人分别是：

大司马、大将军、博陆侯姓霍氏（为示尊敬，不书其名）；

卫将军、富平侯张安世；

车骑将军、龙额侯韩增；

后将军、营平侯赵充国；

丞相、高平侯魏相；

丞相、博阳侯丙吉；

御史大夫、建平侯杜延年；

宗正、阳城侯刘德；

少府梁丘贺；

太子太傅萧望之；

典属国苏武。

从榜单中可以看出，宣帝是念旧的，他给予霍光极高的荣誉。但不知道萧望之是否会满意？

第三回　帝师糊涂死

萧望之估计是不太满意的。十一人中，只有他和梁丘贺、苏武没有爵位，其余八人都已封侯。从后世来看，萧望之是当时的儒家宗师，然而宣

帝却让研究《易经》的梁丘贺排名在前，自然是并不认可萧望之的宗师地位。梁丘贺在历史上没有什么功绩彰显，传说他得到宣帝信任也是因为占卜灵验。无论学术抑或政治，萧望之都没有步入天下第一。

同年，著名的石渠阁会议召开。宣帝诏命萧望之、刘向、韦玄成、薛广德、施雠、梁丘临、林尊、周堪、张山拊等23名儒生讲述各学派《五经》研究的成果的区别，由萧望之等人评议，最终由宣帝裁夺。于是研究《易》的梁丘贺，研究《尚书》的夏侯胜、夏侯建叔侄，研究《春秋》的谷梁赤等人被立为博士。

石渠阁会议的文献，辑成《石渠议奏》一书，又名《石渠论》，所辑奏议共一百五十五篇，现已散佚。仅有一些文献中保存下来一小部分，比如《后汉书·舆服志》梁刘昭注、《毛诗正义》与《礼记正义》的唐孔颖达疏中保存有一条，唐杜佑《通典·礼典》保存有十一条内容，称为"石渠论""石渠议""石渠礼"或"石渠礼议"。汉魏遗书钞（嘉庆三年刻本）中戴胜的《石渠礼论》也有所记载。

甘露三年（前51年）是宣帝执政生涯的最高峰，西汉国力在其时最为强盛，西域纳入汉朝版图、四夷宾服，社会安定和谐，史称"孝宣之治"。

然而，两年后，宣帝的生命也走到终点。黄龙元年（前49年）十二月，宣帝因病崩于未央宫。

宣帝的终点，恰恰是萧望之的新起点。宣帝临终前，萧望之和史高、周堪被托付重任，辅佐元帝，外戚、侍中、乐陵侯史高受命为大司马、车骑将军，太子太傅萧望之受命为前将军、光禄勋，少傅周堪受命为光禄大夫。

萧望之和周堪都是元帝的师傅，很受尊重。萧望之又向元帝推荐刘向，担任散骑宗正、给事中。他们三人和侍中金敞一起同心谋划，元帝对他们也非常信任。

一时间，萧望之登上权力顶峰。虽不是宰相，却是天子之师，地位崇高无比。

然而，高处不胜寒，一个巨大的政治旋涡在向萧望之袭来。这个旋涡将其卷入，越卷越深，直陷入无尽的黑暗之中。

事情起源在一个小人物——会稽人郑朋的身上。郑朋想攀附萧望之，就向元帝上书，举报史高派遣宾客到郡国里做坏事，谋求私利，还谈到许、史两家子弟的罪行。

史高是宣帝祖母史良娣的兄弟史恭的长子，论辈分，他是宣帝的表叔、元帝的表叔公，排名第一的顾命大臣、天下第一号的外戚。许家子弟是针对外戚宣帝皇后许平君的许氏一族而言，史家子弟是针对史良娣的史氏一族而言。

为什么郑朋想攀附萧望之，就会上一封直接向外戚宣战的奏章呢？

原来，萧望之早就对外戚不满。我们对萧望之不甘屈居第二的性格应有所了解，所以他会和"不问政事，徒有名位"的史高产生隔阂。

元帝把奏章交给周堪，周堪让郑朋待诏金马门。与此同时，郑朋又给萧望之上书，吹捧萧望之能亲身实践周公、召公的德政，具备孟公绰的才质，拥有卞庄的威严。然后郑朋问，现在将军追求的目标是管仲、晏子呢，还是废寝忘食勤于政事的周公、召公呢？如果像管仲、晏子就算了吧，我就要像季札那样回山野之中隐居，期待以后儿子们能有所成就。如果将军准备振兴周公、召公之遗业，亲自日夜操劳，兼听各种意见，那么我愿意竭尽所能效命，云云。

这封书信，令萧望之痒痒的、爽爽的，萧望之非常乐意接纳郑朋。郑朋多次称颂萧望之，贬低史高，说许氏、史氏的过失。

未料，郑朋却是奸邪之辈，做过一些坏事。萧望之发现后，就和郑朋断绝往来。

与小人交往永远要慎重，因为他们最擅长的就是倒戈一击。郑朋立刻跑到史、许那边去了，把以前对他们的攻击都推到周堪、刘向身上，说自己是被周、刘教唆的，还说"我关东人，何以如此？"

于是，侍中许章奏请元帝召见郑朋。郑朋出宫后，扬言："我被皇帝召见，报告了前将军（萧望之）小过五条，大罪一条。中书令在旁边，知道我所说的情况。"

这是小人的恶意报复，元帝没有行动，外戚们也没有行动，萧望之却坐不住了，他立刻去责问中书令。

中书令弘恭、石显都是宦官，他们从宣帝时期就执掌枢机，明习文法。

萧望之本就看不惯宦官，认为中书是为政之本，应当选用贤明之人，

建议罢免宦官，改用士人。这令弘恭、石显与萧望之结仇，和外戚关系更加亲近。

弘恭、石显抓住这个机会，让郑朋和其同伙华龙，趁萧望之休假，向元帝上奏告发：萧望之等人阴谋罢免史高，并疏远史、许两家。

此事交给弘恭审问，自然好不到哪去，萧望之倒也没回避，直率地回答："外戚在位多奢淫，欲以匡正国家，非为邪也。"于是，弘恭、石显上奏，萧望之、周堪、刘向等人结党营私属实，"请谒者召致廷尉"。

元帝批准奏请，弘恭就把萧望之关入狱中。没想到，这是个十足的乌龙事件，原来元帝并不知道"请谒者召致廷尉"的意思就是下狱，直到他召见周堪、刘向后，才知道师傅已经被关入狱中。

元帝立刻责备弘恭、石显，让他们把人放出来。两人虽然叩头认错，但最终萧望之、周堪、刘向还是被罢官为民。郑朋反而因此当上黄门郎。

这一回合，大家不难看出元帝的性格软弱，太容易被人忽悠。元帝执政时，外戚、宦官横行，朝政混乱不堪，西汉由此走向衰落。

几月后，元帝又想起萧望之，就制诏御史说，国之将兴，尊师而重傅。赐望之爵关内侯，食邑六百户，任给事中之职，每月初一、十五朝拜，座位次于将军。这是给予萧望之很高的礼遇，还想让他担任丞相。

恰在此时，萧望之长子萧伋上书为父申冤，此事被转给有关部门，经审核后回报，萧望之从前的罪过明明白白，没有诬陷之事，而他却指使儿子上书申诉，有失大臣的礼仪，对元帝不敬，请予以逮捕。

弘恭、石显又建议元帝将萧望之留在狱中，受些侮辱，堵塞其不满的情绪，元帝才好给他施以恩泽。元帝担心地问："萧太傅为人素来刚直，怎么肯接受官吏的审问？"石显却说："人的生命至关重要，萧望之所犯的罪，是说错了话的小罪，一定不会让您担心的。"元帝就批准了他的报告。

这一批准，却是把萧望之送上绝路。

石显等人将元帝的批复封好交给谒者，让其亲手交给萧望之，又命令太常火驰带领执金吾骑兵包围萧宅。

使者到，传萧望之。

萧望之第一反应是自杀，他的夫人阻止他，认为这不是元帝的旨意。

萧望之问门生朱云。

朱云是一个爱好名节的人，他劝萧望之自杀。

于是，萧望之仰天长叹说："我曾经担任过将相之职，年逾六十矣，老入牢狱，苟求生活，不亦鄙乎！"

他对朱云说道："取酒和药来，我宁死也不愿久留人世！"

于是喝毒酒自杀了。

一心希望登上权力顶峰的一代大儒就此死去。

他失败了！

败在善于玩弄阴谋诡计的外戚、宦官之手。

可是，尔虞我诈、勾心斗角、合纵连横不就是古代政治的本来面目吗？

难道您真以为，政治是古书中写的尧舜禹汤、武王伐纣那般白是白、黑是黑吗？

班固称他"身为儒宗，有辅佐之能，近古社稷臣也"，评价似乎过高。

萧望之颇有才干，虽心向上，但也光明磊落。遇到英明之君，他能纵横捭阖，登麒麟阁，为顾命之臣；遇到糊涂皇帝，却也稀里糊涂地败给宵小之徒，徒剩叹息。

萧望之生有八子。其死后，长子萧伋袭爵关内侯，萧咸官至大司农，萧由官至中散大夫，萧育官至光禄大夫。萧望之原籍兰陵（今山东省枣庄市东南），传说是萧何之孙萧彪之后。

兰陵萧氏是中国古代的顶级门阀家族之一，萧望之是其中的杰出代表。兰陵萧氏人才辈出，特别到南北朝时，齐开国皇帝萧道成、梁开国皇帝萧衍都是兰陵萧氏，辉煌自不必说。唐朝有十位宰相出自该家族，其中九位是齐、梁皇室后人，有"两朝天子，九萧宰相"之说。

兰陵萧氏绵延近千年，直到五代十国才走向衰落，真是"世家之盛，古未有之"。

第九篇

非儒生不丞相

具有儒生领袖地位的萧望之没有官至丞相。

西汉前期,儒生担任丞相的不多。元帝开始,人多起来,有蔡义、韦贤、韦玄成、匡衡、张禹、翟方进、孔光、平当、马宫、平晏等数人。

儒生丞相一般是皇帝的师傅,同时又几乎都是儒家各门派的领军人物。比如蔡义是《韩诗》派、匡衡是《诗》派、翟方进是《春秋》派、孔光是《尚书》派,等等。他们往往培养和推荐本门派的弟子进入朝廷,担任官员,由此形成自己的政治势力。

教授《诗经》的儒生韦贤在宣帝时出任丞相,去世后,小儿子韦玄成在元帝时接替于定国担任丞相。父子二人皆以儒生明经出任丞相,其老家流传一句谚语:"遗①子黄金满籯②,不如一经。"(《汉书》) 即留给儿子满箱的黄金,还不如留下一部经书。

本篇要介绍三位成帝时的儒生丞相,且看看他们经书治国,效果如何?

---

① 遗(音 wèi),赠给,送给。
② 籯(音 yíng),竹笼,筷笼子。

第一回　凿壁的匡衡

匡衡（生卒年不详，字稚圭）是儒生宰相中读书最勤奋的一位，在历史上留有"凿壁偷光"典故。

匡衡是东海郡人，其家世代都是农民，匡衡幼时爱读书，因为家贫，就去当雇工赚钱。由于精力超人，匡衡终于学有所成，成为研究《诗经》的大家。许多儒生称赞说："无说诗，匡鼎来。匡说诗，解人颐。"（《汉书》）即不要讲《诗》了，匡衡就要来了。匡衡来讲诗，会使人开心大笑不已。萧望之曾向宣帝推荐匡衡，结果宣帝不用儒生，推荐未果。宣帝死后，萧望之的对头史高却向元帝推荐匡衡成功了。

匡衡先做郎中，后升任博士，兼任给事中。其奏对很讨元帝喜欢，又晋升为光禄大夫、太子少傅。

匡衡在担任太子少傅数年间，多次上疏陈述皇帝应该做的事情，遇到朝廷有政事需要议论，总是依据经义回答，言谈大多符合法义。元帝认为匡衡可以任公卿，于是任命其担任光禄勋、御史大夫。建昭三年（前36年）丞相韦玄成病逝，匡衡接替担任丞相，封乐安侯，食邑六百户。

元帝死后，其子成帝刘骜（前51年—前7年）即位。成帝是匡衡的学生，自然对师傅匡衡十分重用。

害死萧望之的宦官石显同样是匡衡的死对头。元帝时，韦玄成和匡衡都非常畏惧石显，不敢失其意。一旦徒弟登基，匡衡立刻发动攻势，上奏弹劾石显及其党羽，一一追究其旧恶。

石显党羽自然不甘坐以待毙，司隶校尉王尊上奏弹劾匡衡等大臣。

成帝下诏说不要弹劾匡衡，但匡衡仍感到惭愧和恐惧，上疏谢罪，称病并自请退职，使骸骨得以归葬故乡。他向成帝上缴丞相和乐安侯的大印，要告老还乡。

得到谢罪表后，成帝没有同意，下诏安慰，还赐给他酒肉，意思是:师傅道德高尚，王尊竟敢诋毁您，我已将他交给有关部门审问，您就不要辞

职啦。

成帝一上台，就对石显动手，剪除党羽是其本意。只是匡衡一遭弹劾就要辞职，后来还一个劲地请辞，每有水旱、风雨不调时，他就上书乞骸骨，成帝总是用诏书安慰勉励，不准其请，都已形成套路。

匡衡之所以着急请辞，恐怕还真是怕人报复。比如，他的儿子匡昌官至越骑校尉，酒醉后杀人，被抓入狱。匡昌的属下们和他的弟弟准备合谋营救他。事情被发觉后，匡衡受到牵连。

其后，又有人上奏弹劾匡衡偷盗土地，匡衡的封地原来共有三千一百顷。由于划界的乌龙，实际上的封地多出四百顷。后来重新统计土地，并另造簿册。结果，此事被上报相府。

下属的意见是，要么上书给成帝，修改边界。等于是让成帝将错就错，把这件事情确定下来。而匡衡却说，主要是考虑应不应当得到，何必要上书给皇上呢？

这也客观反映出一个现实：西汉末年的土地兼并已非常严重，各级官员对土地的渴望几近贪婪，走上政坛的儒生们也已形成"儒生—大官—大地主"的职业链条。

匡衡因此被人弹劾。成帝终于批准弹劾，但没有治罪，只是免去丞相，贬为平民，让他告老还乡，最终匡衡死在家中。建始四年（前29年），外戚乐昌侯王商接替匡衡，出任丞相。

凿壁偷光的匡衡一生在行政上颇有可圈可点之处，最终却以经济污点结束自己的政治生涯，令人惋惜。

第二回　世故的张禹

张禹（？—前5年，字子文）年幼时爱好很特别，喜欢在市场上看占卜的人，时间一长，就懂些八卦之意。

算命先生很喜欢张禹，认为他长相不凡，于是对张父讲："这个小孩非常聪明，可以让他学习经文。"

张禹的祖籍是河内郡轵县（今河南省济源市东），其父迁至莲勺县（今陕西省渭南市临渭区）居住。张禹长大后，就去长安求学，他一边向施仇学《易经》，一边向王阳和庸生求教《论语》，直到精通经书，就聚徒传经。

萧望之曾向宣帝推荐张禹，但张禹的命运和匡衡一样，都没有被任用。直到元帝时，他才被教太子（成帝）《尚书》的博士郑宽中推荐，诏令张禹教太子学习《论语》。

成帝即位后，就征召师傅郑宽中和张禹，赐爵关内侯，郑宽中食邑八百户，张禹食邑六百户。张禹担任诸吏光禄大夫，俸禄为中二千石，加官给事中，统领尚书事。

当时，成帝的舅舅王凤辅政专权，大权独揽、党同伐异。张禹和王凤并领尚书事，内心不安，和王凤做同事，一定不那么容易。

张禹也和匡衡一样，多次上书乞骸骨，想回避王凤。成帝又是一番抚慰，加赐黄金百斤、活牛和上等好酒，让太官送餐。张禹惶恐，病又好起来了。

河平四年（前25年），张禹接替乐昌侯王商担任丞相，封安昌侯。王商虽然姓王，也是外戚，还和王凤的弟弟同名同姓，但他和王凤却没有亲戚关系。

乐昌侯王商的姑姑是宣帝的生母，所以，王商和宣帝是表兄弟。

而王凤的妹妹是中国历史上寿命最长的皇后，即元帝皇后王政君（前71年—13年）。河平二年（前27年），成帝诏封王凤之弟王谭为平阿侯、王商为成都侯、王立为红阳侯、王根为曲阳侯、王逢时为高平侯，世人称之为"一日五侯"，足见这一支王氏外戚的显贵。然而，这五侯之间互相不睦，其门客之间也不敢互相往来。

乐昌侯和王凤非但没有亲戚关系，反而是死对头。乐昌侯看不惯王凤专权，王凤看不惯乐昌侯碍事。终于，成帝在压力下，免除乐昌侯丞相之职。乐昌侯败在王凤手下，悲愤难抑，罢官三日后，呕血而亡，谥曰"戾"。乐昌侯王商这一支外戚基本上宣告结束，退出历史舞台。

由此，王凤集团越发嚣张起来。几年后，王凤病死。临死前，王凤感动于侄子王莽在病中悉心照顾，嘱咐王政君照顾王莽，王莽由此登场。

张禹担任丞相时，和王凤集团相安无事、风平浪静。

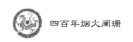

六年后，张禹以老病乞骸骨，成帝同意，赐其安车驷马、黄金百斤，让其住在京师的府第，每月初一、十五以列侯身份朝见，加封特进，朝见礼仪如同丞相，设从事史五人，增加封邑四百户。成帝屡加赏赐，前后达数千万钱。

张禹当官是非常成功的，名利双收。成帝对他关怀备至，他自己生财也颇有道。张禹富贵之后，生活很是奢侈，在泾水、渭水流域购买了四百顷良田。

一次，他要替自己建冢茔、修祠室，张禹喜欢平陵郡肥牛亭，觉得它靠近延陵（成帝为自己预留的墓地），是块风水宝地，于是向成帝请赐该地。

成帝特批，下诏给平陵郡太守，命其将肥牛亭搬到其他地方去。曲阳侯王根听说后，就向成帝进谏，表示反对，因为肥牛亭是皇室在平陵寝庙祭祖的地方。结果，成帝没听舅舅的话，还是把肥牛亭赐给张禹。

张禹官做得顺风顺水，主要是很懂人情世故。

张禹有两位颇有成就的弟子，一位是官至大司空的彭宣，一位是官至少府九卿的戴崇。

彭宣为人恭敬谦卑，讲究法度，而戴崇则和乐简易，聪明多才。

张禹内心里亲近戴崇，对彭宣敬而远之。

戴崇每次拜访张禹时，常要求老师置酒设宴，与弟子相娱。每次，张禹会将戴崇带到后堂饮酒，让妇女陪酒，令优人唱歌跳舞来助兴，极尽欢乐，深夜乃止。

等到彭宣来拜访，张禹则在便座接待他，与他讲论经义，用餐也非常简单，只不过是一碗肉、一杯酒，从来不邀请彭宣到后堂。

张禹对弟子们都善于提供个性化服务，对其他人可想而知。

永始、元延年间，日食、地震特别多，官吏和百姓纷纷上书，谈论灾异感应，讥讽这些都是王氏专政所致。

成帝害怕灾异屡现，对大臣和百姓的上书没有明确表态，驾车到张府，屏退左右，亲自询问张禹。

张禹对成帝说："春秋二百四十二年间，共出现三十多次日食、五次地震，其间有时发生诸侯互相残杀之事，有时是夷狄侵扰中国。灾变之异难以预见，所以圣人罕言命，也不语怪神。性与天道，从子贡之辈起就不再讨论，何况浅见鄙儒所言！陛下应该修整治国政策以适应时局，与百姓同享福祉，这才是天经地义的。新学小生，乱道误人，不应信任和重用，要用经术判断他们所说的话。"

张禹此番评价和董仲舒、萧望之们对灾异的看法截然不同，难道是张禹的学术理论和董仲舒的天人感应有所不同？

并非如此。

因为肥牛亭的事情，张禹曾开罪王根。他考虑到自己年事已高，后代的势力弱小，不想再得罪王氏集团，就为他们说起好话来。

这一招果然有效，成帝因张禹的一番话，不再怀疑王氏。

王根和王氏子弟们听说后，自然对张禹非常感谢，不愉快也烟消云散。

张禹的寿命很长，学生成帝死了，他还活着，直到哀帝建平二年（前5年）才去世，他的四个儿子也都当上大官。

这就是张禹，因世故而成为人生赢家的张禹。

第三回　迟钝的翟方进

如今，翟方进（前53年—前7年，字子威）没那么有名。在当时，绝对是励志人生的典型。

翟家是汝南上蔡（今河南省驻马店市上蔡县）人，世代微贱，直到翟父因为好学，任郡文学，才稍微好转。

可是，在翟方进大约12岁时，翟父去世，而其母可能早已去世，家里没有经济来源，翟方进无法继续学业。

翟方进开始在太守府担任小史谋生。可又被人认为迟钝做不好事，屡次遭掾史责骂侮辱。

人生如此，也真是悲凉。

翟方进的幼年和孔子、孟子颇为相像。更为悲惨的是，父母都去世后，他成为孤儿。不同的是，至少没人说少年孔孟是笨的。

如此家境、如此愚笨，还想继续留在官场，除去做路人甲，似乎也无

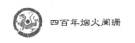

出路可寻。谁又会想到这位"迟钝不及事"的少年，居然能在数十年后平步青云、封侯拜相呢？

并非所有人都能在困苦中寻找到光明，但总有一些人会通过各种机缘，勉励自己，就像在冰天雪地的荒野中求生，即使行动迟缓、目光呆滞，仍然可以用冰雪刺激行将麻木的肌肤，让自己继续前行。在逆境中，你的智商可以"迟钝"，唯有雄心绝不能迟钝。

翟方进也在寻找冰雪激励自己。他找到当地的一位算命先生：蔡父。

蔡父跟他说："你有封侯骨，应当凭经术进用，努力研习诸儒生的学问吧。"他就将算命先生的话，当作激励自己前行的冰雪。

翟方进辞去小史工作，称病回家。然后向他的后母告别，想要去京师学习经书。后母颇为善良，可怜方进年幼，就同他一起进京，织鞋供养他，让他跟随经博士学习《春秋》。

勤学不辍十余载后，翟方进通晓经术，徒众日广，儒生们对其交口称赞。终于，以射策甲科为郎。二三年后，举为明经，迁任议郎，翟方进再次登上官场。

这次登场后，翟方进将一路长跑，直到生命的终结。由此，翟方进成为儒生们"十年寒窗无人问，一举成名天下知"的榜样。

十多年的苦学，似乎能让人开窍，翟方进展示出过硬的行政能力，升官很快，但他的做官弱点也很快暴露出来：睚眦必报。

成帝河平二年（前27年），翟方进转为博士，数年后迁任朔方刺史，甚有威名。不久，调任丞相司直。

一次，翟方进跟随成帝去甘泉，在驰道中行车，司隶校尉陈庆劾奏他，翟方进因此被没收车马。

到甘泉宫后，大臣们在殿内集会，陈庆和廷尉范延寿交谈。当时陈庆正被奏章弹劾，并为此辩解。翟方进趁机举劾陈庆，导致陈庆被免去官职。

后来，又一位司隶校尉涓勋违反禁令，被翟方进弹劾后，遭到罢免。翟方进上任一年里罢免两位司隶校尉，朝廷上下十分震恐，都很害怕他。

不过，翟方进弹劾之事都是"应条"（所犯合乎禁令），有点"罪不当诛"的意思，所以并不令人服气。有人反对，也有人支持他，比如丞相薛宣就十分器重方进，时常告诫掾史说："谨慎事奉司直，翟方进不久必在相位。"

有人很反感翟方进的做法,比如,时任太中大夫给事中的平当,上奏说:"翟方进是国家的司直,不饬正自己来做众人的表率,先前自己犯法在驰道中行车,司隶庆平心举劾,翟方进不仅不自责,而内挟私恨,伺机记下陈庆闲谈时的言语,以诋毁欺骗定罪。后来丞相薛宣因为一个杀死无辜一家的坏人,请求派遣掾史督促司隶校尉,司隶校尉涓勋自己上奏朝廷,现在翟方进再次劾奏涓勋。议者以为翟方进不用道德来辅正丞相,一味偏袒帮助大臣,想要树立威严,应该遏止断绝这个源头。涓勋素行公直,是奸人所厌恶的,可以稍加宽容,让他成就他的功名。"

平当的奏言非常精准地指出翟方进的问题——"必胜立威"。也许是他从小的生长环境,造就其处世方式。

反正有人喜欢,有人不喜欢。只要成帝听得进翟方进的弹劾之言,那就把"必胜立威"坚持到底吧!

其后,成帝修建昌陵时,翟方进布置掾史查验,查获贵戚、近臣的子弟宾客私藏赃物数千万。成帝很满意他不畏权贵,就调任他做京兆尹,翟方进打击豪强,京师震惊。

青州刺史胡常写信提醒他:"私下里听说您的政令甚明,为京兆尹,则恐有所不宜。"翟方进听其劝告,以后稍稍放松威严。

翟方进任京兆尹三年后,于永始二年(前15年)升任御史大夫。没想到,几个月后,位子还没坐热,丞相薛宣和三辅官吏因事一起被免为平民,翟方进也因事被贬为执金吾。

此事看上去是仕途的挫折,却给翟方进带来巨大机遇。

二十几天后,丞相官位空缺,群臣大多举荐翟方进,成帝也器重其才能,擢升翟方进任丞相,封高陵侯,食邑千户。

翟方进因为机缘巧合,超越诸多竞争对手,位列相位。他担任丞相时公正廉洁,不以私事请托四方郡国。但持法严酷苛刻,中伤他的人也很多,比如陈咸、朱博、萧育、逢信、孙闳等人,这些人基本上都是官二代,所以年纪轻轻就能担任牧守列卿,苦命的翟方进对他们一律采用积极打击的态度,弹劾陈咸等人,皆罢免之。

当然,翟方进的弹劾也并非没有道理,比如陈咸,损公肥己、奢侈无度,为求升官多次贿赂官员,确实应该弹劾。

翟方进对后母非常孝顺，供养甚笃，感念其培育之恩。等到后母去世下葬36日后，翟方进认为自己担任汉朝丞相，不敢逾越国家的制度，才除去丧服，开始办公。

翟方进担任丞相的那几年，似乎都在政治斗争中度过，施政上无所建树。王莽时期流行的一首上蔡童谣，颇能说明问题，"坏陂谁？翟子威。饭我豆食羹芋魁。反乎覆，陂当复。谁云者？两黄鹄。"（《汉书》）即毁坏鸿隙的是谁？当然是翟子威。用什么来做饭，我只有土豆可吃，用什么来做汤？我只有芋根可食。世事反复无常理，鸿隙总会重兴起，若问是谁说此话？两只黄鹄告诉你。

原来，汝南有一个大池塘，叫"鸿隙"。当地因鸿隙而富饶，成帝的时候，关东屡次闹水灾，鸿隙也水涨成害。翟方进做丞相时，和御史大夫孔光一起派遣掾史前去巡视，认为放走鸿隙的水后，那块土地会很肥美，既省去筑堤设防的费用，又没有水灾的隐患，于是上奏废除筑堤。等翟氏倒台后，乡里之人都归罪于翟方进，说他是因为想得到鸿隙这片良田，却未获准许，所以上奏不要在鸿隙筑堤的。王莽执政时，鸿隙非但没有成为良田，反而常常枯旱，郡里的人都追怨翟方进，才编排出这首童谣。

绥和二年（前7年），汉朝接连发生山崩、水灾、日蚀等天灾异象，一时间朝野惶恐，都认为是皇帝将有不测，成帝极为紧张，到处寻找破解之法。大臣们就针对丞相说，应该由大臣承担此事。

于是，成帝召见翟方进，他们所谈的内容我们并不知晓，也许是成帝希望翟方进代替自己去死，以免灾祸。

翟方进回家后，并没立刻自杀，皇上可能看他怎么还没死，又赐文书。

大意是说："您有孔子的心志，战国勇士孟贲那样的勇力，我好心和您同心一意，希望有所成就。只是你登位十年，灾害一起降临，人民遭受饥饿，加上疾病溺死，关门的锁门自行丢失，失去了国家的守卫，盗贼众多。官吏民众残忍凶暴，殴打杀害良民，审理和判决的案件一年年增多……我想要撤去你的官职，还不忍心。你要仔细考虑周密的计策，杜绝奸恶的本源，忧国如忧家，你致力于安定百姓来辅佐我。我既然已经悔改，你也要自己反思，努力进食尽心尽职。我派尚书令赏赐你十石好酒，一只牛，你仔细考虑吧。"

总之，成帝已经出离愤怒，列举翟方进种种的政策失误，把天下混乱、民不聊生的局面，全部归结于丞相一人。

这次，翟方进拎得清，终于自杀。

事后，成帝隐瞒赐信之事，给翟方进举办隆重的葬礼，了事。

一个月后，44岁的成帝死于未央宫。

即使丞相代他去死，成帝也没能逃脱死神的魔掌。那完全是因为他自己找死，他荒淫无道，沉迷后宫，宠信赵飞燕，又爱男宠张放。国政完全落于母亲王政君的家族之手，申屠圣、苏令等铁官徒先后起义，转战数郡才被镇压。

西汉在成帝的手中，终于彻底走向衰弱。

本篇的三位儒生丞相，前两位政绩斐然，皇帝恭敬有加，结局都很好。翟方进的结局却是悲惨。

是匡衡和张禹的能力比翟方进强吗？

未必如此。

冰冻三尺，非一日之寒，若没有成帝时期各位大臣的推波助澜，万万不会有翟方进的最后一击。

如此一来，儒家也挺丢人，刚一确立执政地位，结果却令朝政衰败。

从政治领域考虑，儒家一直将自己定义为君王的辅佐者，而不是要成为君王。本套书的源头是周公旦，他成为这一理念的经典诠释者，也成为后世儒生的最高追求。

虽然自元帝之后，儒家经典成为大多数皇帝的必修课，但中国历史上却没有任何一位儒生能成为开国之君。如果真要论，恐怕也只有萧道成，他少年时曾追随名儒，钻研《礼》及《左氏春秋》。然而，他之所以能当上南齐皇帝，还是靠他执掌多年的军权，逼迫宋帝退位。

手握重兵的将领可以成为皇帝，世袭罔替的贵戚可以成为皇帝，即使是赤贫的寒门子弟也可以成为皇帝。唯独饱读诗书的大儒，从来没有可能当皇帝，真是"秀才造反，十年不成"，其实何止十年不成，简直是千年、万年不成，因为他们从来没有想过！

封侯拜相，"非儒家，不丞相"，是西汉儒生为之奋斗一生的梦想。

丞相设置于秦。汉承秦制，最初设置相国，同时设置丞相作为相国的副手。自吕产之后，西汉无人担任相国一职，但继续保留丞相，于是丞相就成为最高级别的行政官员，百官之长。直到哀帝元寿二年（前1年）改丞相为大司徒，东汉未再设立丞相一职。

元帝之后，直到西汉覆灭，大批名儒从江湖之远步入庙堂之高，通过举荐门生弟子做官，文官队伍也迅速儒家化。儒生们的梦想得到实现，他们孜孜以求的治国主张，比如减刑宽政、不与民争利等，得到实行。

这是儒家第一次与政治亲密结合，然而，结合得并不好，甚至吃相非常难看。这也难怪，这还是儒家和政治结合的原始时期。

朝廷的选官制度也不像后来的科举制度一样，只有儒生才能当官。汉朝的选官方式有察举、征辟、考试任子、纳赀和卖官等多种方式，儒生通过明经的方式进入官场，只是察举的手段之一。

从宣帝至平帝的丞相表中也可以看到，丞相并不一定仅仅有儒生担任。在儒生官员的治理下，西汉政治日趋黑暗。究其原因，初掌权柄的儒生们对政治手段的使用较为生疏，无力对付外戚、勋贵、宦官等权贵势力。有小部分儒生也积极加入原先抨击的权贵势力中去，努力成为权贵的一分子，对百姓们敲骨吸髓，最终江河日下、无力回天。

班固评论："从孝武帝重视儒学，以公孙弘为儒相之后，蔡义、韦贤、玄成、匡衡、张禹、翟方进、孔光、平当、马宫以及平当的儿子平晏，都是以大儒的身份担任丞相职务，穿戴着儒者服装，宣讲先王的言论，博学宽容，品行厚重，值得称赞，但是都为保全俸禄官位，而蒙受阿谀奉承的讥讽。他们都按照古人直道行事的准则处世，怎么能胜任职务呢！"

第十篇

社稷之臣

一个时代，总有些儒生不愿意同流合污，他们忠直、良知未泯，特立独行、不畏强权，尽力地在与堕落抗争，虽然结果不是被杀就是放逐。但他们不愿意明哲保身，以求富贵荣华。唯此，我们才会看到希望和光明。

第一回　诗书传家

刘向（前77年—前6年，字子政），原名更生，因其曾官至中垒校尉，世称刘中垒，是刘邦异母弟楚元王刘交的四世孙，刘氏宗室。

刘交和刘邦不同，从小喜欢读书，还曾与穆生、白生、申公一起到荀子门徒浮丘伯处学习《诗经》。

因此，刘交虽是汉初刘氏藩王中排行最小的一个，刘交后人却发展壮大，成为人数最为庞大、杰出人才众多的一支刘氏宗亲。刘向、刘歆父子即为后人中的杰出代表，"人道寄奴曾住"的南朝刘宋开国皇帝刘裕也是刘交的二十二世孙。

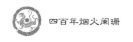

真是"富贵传家,不过三代;诗书传家,继世绵长"呢!

12岁时,刘向因父亲恩荫,任辇郎;行冠礼后,因行为修饬,任谏大夫。

宣帝时,招选名儒俊才配备左右,刘向因通达能属文辞,进见应对,献上赋颂几十篇。

因宣帝信奉神仙方术,刘向就呈上一本神仙秘籍《枕中鸿宝苑秘书》,讲的是神仙驱使鬼怪铸造金子的办法,以及邹衍的重道延命方,世上无人见过。

《鸿宝》《苑秘书》是道家篇名。因藏在枕中,故此命名,表示一直秘密保存、没有外泄的意思。为此,留下一个成语"枕中鸿宝",泛指珍秘的书籍。

新登官场的刘向或许是着急上位,想投宣帝所好。又或许是觉得书中所讲的内容真实可靠,此书是刘向的父亲刘德办理淮南案所得,刘向从小读它,觉得很奇妙,由此献给宣帝,说根据此书可制成黄金。

宣帝一听,能够平白无故获得黄金,自然是好事一桩,于是命令刘向主管尚方铸造之事。

可是,炼金术怎么会是真的呢?自然是花费很多钱财,得不到效果。皇帝因为方子不灵,就把刘向交给有关部门处理,官吏弹劾刘向铸假黄金,下狱当死。

刘向的哥哥阳城侯刘安民急忙上书,愿意上缴封地一半的户籍,来赎刘向的罪。宣帝也认为刘向是奇才,颇为怜惜,以逾冬减死论处。

刘向到鬼门关转上一圈,又得生还。

恰逢宣帝将《穀梁传》立于学官,征刘向学习。刘向又参加石渠阁会议讲论五经,成为儒家的领军人物;之后,拜为郎中、给事黄门,升任散骑、谏大夫、给事中。

元帝即位后,刘向和萧望之、周堪、金敞等人同心辅政,他和萧望之一样对中书令弘恭、石显极为不满,结果没斗得过他们,刘向也被关进监狱。恰好,那年秋天有地震,元帝觉得刘向等人受冤,任命其为郎中,打算重新启用。

到冬天,又地震了,刘向通过某外亲,向皇帝上书,为萧望之等人鸣冤叫屈,要求罢退弘恭、石显,重用萧望之。

这个外亲是以自己名义上书,结果弘恭、石显一看就知道是刘向所为,请求元帝考查其奸诈的真相。刘向果然招认是自己所为,于是又被逮捕下狱,交给太傅韦玄成、谏大夫贡禹,会同廷尉拷问。后来,刘向被免为庶人,萧望之被诬自杀。

元帝很悔恨萧望之的死,就提升周勘,任光禄勋;提升周堪的弟子张猛,任光禄大夫给事中。两人都很受信任。刘向见周堪、张猛在位,希望自己能得到进用,便上封事谏,大谈灾异之变与政事得失相关,矛头直指"谗邪并进"的宦官。

一番斗争后,却是周堪等人被逐,后来又被起用。最后,周堪身患哑病,不能说话便去世了,石显诬陷是张猛所害,逼其在公车自杀。

这一轮的斗争结束,刘向彻底失败。他写下《疾谗》《摘①要》《救危》及《世颂》等八篇文章,依古兴事,哀悼自己及同类,自此被弃用长达十余年之久。

成帝即位后,石显等人先后伏罪,刘向又获重用。原先,他一直用原名"刘更生",此时才改为"刘向"。刘向先是被拜为中郎,后又升为光禄大夫。

河平三年(前 26 年),刘向受成帝诏令,承担起儒家历史上一项非常重要的任务:校②书。这是中国历史上第一次由官方主持的大规模典籍整理工作,长达 20 多年。

成帝时,汉朝搜集的各种藏书,已经堆积如山,且版本众多,其中书名、篇目、字句等都有很大出入。

一方面,皇帝让谒者陈农求遗书于天下。另一方面,诏光禄大夫刘向校经传、诸子、诗赋,步兵校尉任宏校兵书,太史令尹咸校数术,侍医李柱国校方技。刘向不仅分校经传、诸子、诗赋三大类书,而且总撰各书叙录,最后需上奏朝廷,相当于总纂修官的职务。

这是一项非常复杂的文献整理工作,刘向开创了一系列原则、方法和

---

① 摘(音 zhāi),古同"摘"。
② 校(音 jiào),校勘书籍。

文献编纂的思想。他把古代的文献学、目录学、校雠①学、文字学、训诂学、历史编纂学与档案文献整理编纂的理论和方法熔为一炉。

刘向校完书后，就写了一篇简明的内容提要，后汇编成《别录》（今已佚），计20卷。著录图书603家，计13 219卷，分为6大部类、38种，每类之前有类序，每部之后有部序，叙录内容包括：书目篇名、校勘经过、著者生平思想、书名含义、著书原委、书的性质、评论思想、史实、是非、剖析学术源流和书的价值。

校书的曲折，由于篇幅和主题所限，我就不做展开，只举两例，以示其复杂程度。校书的过程除收集、清理、删重外，还包括校雠、誊抄定本等工作。

之所以叫校雠，《别录》中记载"雠校者，一人持本，一人读析，若怨家相对，故曰雠也。"校雠的意义很大，能够补阙订伪。无论旧日的抄刻书籍，还是现代的捡字、输入、排印，校雠都是不可或缺的程序。

刘向不仅对书籍的文字进行了仔细校对，而且对书的篇章进行梳理。如《孙卿书录》中说："所校雠中《孙卿书》凡三百二十二篇，以相校，除复重二百九十篇，定著三十二篇，皆以定杀青，简书可缮写。"这是要比较诸多版本，然后重新确定，其间难度自无须说。

刘向校书是历史上第一次大规模的图书整理，规模不亚于后世修《永乐大典》《四库全书》，从保存古籍的角度来看，意义颇大。

遗憾的是经过西汉末年的图书大失散，著录的图书大多亡佚了。

刘向校书一事直到他的生命终点都没有结束，后由其子刘歆接续。

校书期间，刘向读到《尚书·洪范》（今人一般认为是伪作，由春秋或战国时期儒者所做），相传周灭商后二年，箕子向周武王陈述"天地之大法"，"洪"是"大"的意思，"范"是"法"的意思，提出帝王治理国家必须遵守的"洪范九畴"，一是五行，二是五事，三是八政，四是五纪，五是皇极，六是三德，七是稽疑，八是庶征，九是五福。

刘向挑出其中的五行之说，汇集上古以来经春秋、战国到秦汉时期的符瑞灾异记载，编写出十一篇文章，取名《洪范五行传论》，呈给皇帝。

---

① 雠（音chóu），校对文字。

《洪范五行传论》中的部分内容保存在《汉书·五行志》中，大致讲述历代的兴衰是按着五行相生的顺序进行的，它延续和发扬着董仲舒的五行宇宙说。

刘向写《洪范五行传论》的目的是讥讽王氏专权，刘向仿佛孤独的斗士一般，要捍卫自家的王朝，难以容忍奸佞之徒，将矛头直指外戚王凤。

然而，朝政病入膏肓，成帝先去除宦官毒瘤，又现外戚癌细胞，已经毫无办法。

成帝先是建造自己的陵墓——昌陵，多年没有竣工，又报废掉，重新修筑延陵，非常奢侈浪费。刘向上书劝谏，成帝不听。

刘向见成帝的生活越来越奢侈，宠信赵飞燕、李平。他便摘录《诗》《书》所载的贤妃贞妇，编为《列女传》，共八篇，以警戒天子；又摘取传记故事，作《新序》《说苑》共五十篇上奏。他还多次上书评说得失，陈述法戒。成帝都不采用。

刘向的一生就是这么蹉跎而去，直到他72岁去世。

刘向虽是儒者，却并不拘泥于儒家，他涉猎甚广，又以辞赋、散文见长，所撰《说苑》等书可读性颇强，这里摘录《说苑》中的一段故事，以供赏析：

晏子陪伴着齐景公。景公说："早晨冷，请给我盛碗热饭！"

晏子说："我不是为您端饭的臣子，因此，不能接受您的命令。"

景公又说："请给我拿衣服皮褥！"

晏子接着说："我不是为您穿衣铺席的臣子，因此，仍不能接受您的命令。"

景公反问道："既然如此，那您为我做什么呢？"

晏子答道："我是社稷之臣。"

景公继续问道："何谓社稷之臣？"

晏子说："社稷之臣，能够安邦定国，区别上下之所宜，使做事合乎其原则；规定百官的等级，让他们各得其所；所言辞令，可传布四方。"

从此以后，景公不依礼不见晏子。

社稷之臣！

这才是刘向一生的梦想与光荣啊！

第二回 《易》初解

京房（前77—前37年，字君明），东郡顿丘（今河南省濮阳市清丰县西南）人。京房原本姓李，经李房自己推演后，自定姓氏为京氏。

元帝时，京房被立为《易》博士，精通灾变之说，能将64卦和每天要做的事情联系在一起，又以风雨寒温等气象变化作为症候，各有占验。

京房一生笃信占卜之道，师傅焦延寿死时曾说过一句耐人寻味的话："得我道以亡其身者，必京生也。"未料一语成谶，京房横死之时才41岁。

京房在占卜领域的悟性极高，他对以前的占卜法进行大刀阔斧的创新，创造性地总结出一套五行、干支运算法则，将易占从一门哲学变成一门术数之学，极大地降低易占的门槛，普通百姓也很容易学习，由此开创京氏易，令人耳目一新。

要了解京氏《易》，必须先了解《易》。现在所讲的《易》有三种，分别是：《易》《周易》《易经》。这三个概念互有关联，但又不完全相同。

《易》是一个统称，是关于变化之书，它是一种哲理，一种思考，具有抽象的特点。传说，中国上古时期、商、周，都有其《易》，分别是上古的《连山》、商的《归藏》、周的《周易》。

西汉初年是《易》的分水岭，《汉书·艺文志》中没有收录《归藏》，说明班固在东汉时没有见过《归藏》。但是，东汉桓谭说："易，一曰连山，二曰归藏，三曰周易。《连山》八万言，《归藏》四千三百言；《连山》藏于兰台，《归藏》藏于太卜。"（《新论·正经第九》）汉朝究竟有没有人见过《连山》《归藏》，始终存在争议。

1993年3月出土的王家台秦简（湖北省江陵市荆州镇丘北村王家台15号秦墓）中证实有《归藏》易，说明《归藏》确实存在。

由于西汉时期，学习和使用的是《周易》，《易》基本上和《周易》画上等号。

汉朝设立五经博士后，我们可以称之为《易》经，但此时的《易》经和我们现在书店买到的不一样。

现在的《易经》都包括两个部分：本经（很多称为《周易》或《易经》）、易传。

所谓易传是儒者们解释本经的文字，流传到后世，作者已不详，留下七传，分别是：《彖①传》(《上彖》《下彖》)、《象传》(《大象传》《小象传》)《系辞传》(《系辞上》《系辞下》)、《文言传》、《说卦传》、《序卦传》、《杂卦传》。其中，《彖传》《象传》《系辞传》这三篇，都各分上下。所以，加起来一共是十篇，名曰"十翼"。翼是翅膀，有辅助的意思。

总结一下：

首先，《易》有三易，《周易》是其中之一。汉朝开始，《易》专指《周易》。

其次，《周易》是《易》的本经部分。

最后，现在的《易经》包括有《易》的本经部分和十篇易传，即易经 = 本经 + 十翼。

接下来，我们根据现在的面貌来解析一下《易经》的组成，用"谦卦"来举例。

本经由四部分组成：卦名、卦画、卦辞、爻辞。

《易经》中有 64 卦，谦卦是第 15 卦。

谦：亨，君子有终。

《彖》曰：谦，亨。天道下济而光明，地道卑而上行。天道亏盈而益谦，地道变盈而流谦，鬼神害盈而福谦，人道恶盈而好谦。谦尊而光，卑而不可逾：君子之终也。

《象》曰：地中有山，谦；君子以裒②多益寡，称物平施。

初六，谦谦君子。用涉大川，吉。

---

① 彖（音 tuàn），彖辞，《易经》中论卦义的文字。
② 裒（音 póu），减少。

《象》曰:谦谦君子,卑以自牧也。

六二,鸣谦。贞吉。

《象》曰:"鸣谦贞吉",中心得也。

九三,劳谦,君子有终,吉。

《象》曰:劳谦君子,万民服也。

六四,无不利,㧑谦①。

《象》曰:"无不利㧑谦",不违则也。

六五。不富。以其邻利用侵伐,无不利。

《象》曰:"利用侵伐",征不服也。

上六,鸣谦,利用行师、征邑国。

《象》曰:"鸣谦",志未得也;"可用行师",征邑国也。

首先,卦名。第十五卦的卦名是"谦"。

其次,卦画。"谦"的卦画是由阴爻(符号为"— —",题为"六")和阳爻(符号为"—",题为"九")组成。

所谓"题",文中第一爻的标注是"初六",第六爻的标注是"上六",采用的是"位置+阴/阳"模式。

"初"表示的是爻的位置顺序,从下到上的位置标注分别是:初、二、三、四、五、上。

"六"表示处于这个位置是阴爻。

然而,第二、三、四、五爻的标注方法恰好倒一倒,采用的是"阴/阳+位置"模式。比如文中第三爻的标注是"九三",意思是从下往上数的第三根爻是阳爻。

接下来,我们需要运用数学知识,做一道题目:如果用三根爻(阴爻或者阳爻)组成一个卦象,可以有几种组合方式?

结果是 2×2×2=8,即为八卦。

八卦的推演方式如下:

第一步,我们先使用阳爻和阴爻。将阳爻置于右侧,阴爻置于左侧。古代的书写习惯是从右到左。得到图如下:

---

① 㧑(音 huī),㧑谦泛指谦逊。

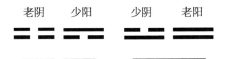

第二步，我们将阳爻和阴爻两两组合，得到四个图像。组合规则是，于原有的阳爻和阴爻上方，按照"先阳爻、后阴爻"，"从左到右"的顺序组合。得图如下：

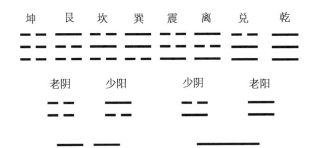

后人将此四个图像，分别命名为老阳、少阴、少阳、老阴，是为四象。

第三步，再于四象上方，加一根阳爻或阴爻，得到八个图像，即为八卦。组合规则依旧是，按照"先阳爻、后阴爻"，"从左到右"的顺序组合。得图如下：

若将八卦两两组合，组成一个卦象，可以有几种组合方式？

结果是 $8\times 8=64$，即为 64 卦。

换一种问法：若用六根爻（阴爻或者阳爻）组成一个卦象，可以有几种组合方式？

$2\times 2\times 2\times 2\times 2\times 2=64$，结果一样，也为 64 卦。

我们把处于上位（四、五、上）的爻组成的卦（只有八卦）称为上卦，又称外卦。处于下位（初、二、三）的爻的卦（也只有八卦）称为下卦，又称内卦。

坤(地)	艮(山)	坎(水)	巽(风)	震(雷)	离(火)	兑(泽)	乾(天)	←上卦 ↓下卦
11.地天泰	26.山天大畜	5.水天需	9.风天小畜	34.雷天大壮	14.火天大有	43.泽天夬	1.乾为天	乾(天)
19.地泽临	41.山泽损	60.水泽节	61.风泽中孚	54.雷泽归妹	38.火泽睽	58.兑为泽	10.天泽履	兑(泽)
36.地火明夷	22.山火贲	63.水火既济	37.风火家人	55.雷火丰	30.离为火	49.泽火革	13.天火同人	离(火)
24.地雷复	27.山雷颐	3.水雷屯	42.风雷益	51.震为雷	21.火雷噬嗑	17.泽雷随	25.天雷无妄	震(雷)
46.地风升	18.山风蛊	48.水风井	57.巽为风	32.雷风恒	50.火风鼎	28.泽风大过	44.天风姤	巽(风)
7.地水师	4.山水蒙	29.坎为水	59.风水涣	40.雷水解	64.火水未济	47.泽水困	6.天水讼	坎(水)
15.地山谦	52.艮为山	39.水山蹇	53.风山渐	62.雷山小过	56.火山旅	31.泽山咸	33.天山遁	艮(山)
2.坤为地	23.山地剥	8.水地比	20.风地观	16.雷地豫	35.火地晋	45.泽地萃	12.天地否	坤(地)

再次,卦辞。"谦"的卦辞是"谦。亨。君子有终。"(谦卦象征谦虚:亨通,君子能保持谦德至终。)

最后,爻辞。

到此,一个卦象介绍完毕。

"谦"卦饱含着人生哲理。

《象传》说谦是"地中有山",因为八卦对应的宇宙是:乾——天,坤——地,震——雷,巽——风,坎——水,离——火,艮——山,兑——泽。"谦"卦的卦画上卦是"坤"卦,下卦是"艮",表示出山在土下的意思。

如果是一座山,还能淹没在土下,真是谦虚。

如果没有山,待在土下,也谈不上谦虚,只是低下了。

所以,谦虚的人首先要让自己成为一座山,然而成为山后,你会不会脱离尘土呢?

读者可能会想,平时听说用《周易》算卦,是怎么弄的呢?

我们可以采用相对简单的铜钱法,或者比较复杂的揲蓍①法来算卦。

卦画形成后,再根据本经和易传,推导出相应内容。据说铜钱法就是京房创造的,也是其降低门槛的一种表现。

京房所处的时代,《易》仍然处于完善过程中,远非前义所呈现得如此完整,解释也众说纷纭,京氏易只是其中的一家。它的特点是继承象数学派,同时和阴阳五行相结合。

《易》在发展过程中,逐渐形成象数学派和易理学派两大分类。《四库全书·总目·经部·易类》中说:"《易》遂日启论端。此两派六宗,已相互攻驳。"

六宗指的是占卜宗(太卜遗法)、禨祥宗(京房)、造化宗(陈抟、邵雍)、老庄宗(王弼)、儒理宗(胡瑗、程颐)、史事宗(李光地、杨万里)。

最终,六宗归于两派:占卜、禨祥、造化三宗偏向于象数派,老庄、儒理、史事三宗偏向于易理学派。

象数学派侧重对《易》的卦象、卦变的研究,以其所理解的道理而推导人事吉凶的学术类别。象数学派认为"象"占主要位置,"数"其次,因此是"象"生"数"的概念。他们特别追求象数,所有经传词语都要从《易》中找出象数的根源,如果找不到,就脱离《易》另创新说。

易理学派侧重阐释《易》的文义和道理,认为"易理"是通过卦名和

---

① 揲蓍(音 shé shī),它的使用方法就是通过工具(铜钱、蓍草等)计算出每根爻,再由爻的顺序组合,形成卦画。

卦爻辞表现的，主要阐发卦爻象数所象征的物象、事理，所以"义理"以哲理观念为主。一般认为，易理派的创始人为三国魏时的王弼，继承者为宋朝的胡瑗、程颐、张载、杨万里。

京房将阴阳五行纳入卜筮之中，是一种创新，然而顺着这条路继续发展，就会过于强调神秘主义，将《易》引入图谶迷信之地。

第三回　得道却亡身

初元四年（前45年），京房以举孝廉担任郎官，走上仕途。京房颇有神通，永光、建昭年间，西羌造反，不久发生日食，天黑暗无光。京房多次向元帝上疏，预言将要发生某事，近则几个月，远则一年，所言皆应验。由此，京房颇得元帝信任，开始负责考察官吏绩效。

一次，京房在元帝闲宴时被召见，京房趁机问元帝："像周幽王、周厉王这样的君主为什么会灭亡呢？他们任用的是什么人？"

元帝答："国君不贤明，任用的人又都是花言巧语的奸佞之辈。"

京房问："是因为知道是巧佞之人才任用他们，还是认为是贤才才任用？"

其实问得很多余，不过元帝脾气真不错，继续回答："是认为贤人才任用！"

京房又问："那么现在又是根据什么知道他们不是贤人的呢？"

元帝答："根据那个时代的混乱和国君的危亡而知道的。"

京房又问："像这样，任贤必治，任不肖必乱，必然之道。幽厉二君为什么不觉悟而改去用贤才呢？"

元帝反问："面临危亡的国君都以为其臣子是贤臣，假如他们都觉悟了，天下又怎么会有危亡之君呢？"

京房又问："齐桓公、秦二世也曾听过幽厉二君，并讥笑过他们，但是自己却任用竖刁、赵高等人，政治日乱，盗贼满山，何不以幽厉二君卜之，以让自己觉悟呢？"

元帝感叹:"唯有德者能以往知来者啊!"

京房脱掉帽子叩头说:"《春秋》记载二百四十二年的灾异,以给后代君主借鉴。陛下即位以来,日月失明,星辰倒行,山崩泉涌,地震石陨,夏霜冬雷,草木春凋秋荣,陨霜不败,水旱螟虫,人民饥饿,盗贼不止,刑人满市,《春秋》所记灾异尽背。陛下看今天的政治是治,还是乱呢?"

面对这样一种形容,元帝还能平心静气地说话,脾气真是好:"乱到极点了。您还有什么话要说吗?"

京房又问:"如今您任用的是哪些人呢?"

元帝答:"毕竟今天的灾异比以前要好多了吧,这应该和任用的人没关系吧。"

接下来是沉默,尴尬的沉默。

最后元帝屈服于京房的心理攻势,跟着他的逻辑问:"如今作乱的是谁呀?"

京房反而不说了:"明君应当知道是谁。"

元帝答:"不知道啊!如果我知道了,为什么还用他呢?"

京房说:"就是您最信任的,宫内辅政、朝外弄权的人,就是。"

京房拐弯抹角一堆话,无非是要引出最后一句话,又不敢直说,只是含沙射影。

元帝的脾气真是好到爆,京房把他比喻成幽厉二君,把他统治的社会说成是乱世,元帝仍然能静静地听大臣说完,这份涵养还是值得肯定的。

不过,元帝既然是这副脾气,也就不要指望他能对奸佞之人下手。他最后只是说:"已谕。"再没有下文。

京房最后的目标对象,就是石显。但他不敢直说,因为石显实在是一个非常恐怖的权臣。

京房没除掉政敌,自己却被政敌先给收拾了。

石显等人撺掇元帝派京房外出做魏郡太守。京房离开长安后,石显借机罗织罪名,诬告京房和张博合谋,诽谤朝政,说皇帝的坏话。京房在闹市被执行死刑,并被陈尸街头示众,年仅41岁。

精通易理的大师,是算不到自己的生死,还是将生死置之度外?

不可否认,刘向、京房都存在着功利心,谁不想走上权力之巅呢?

然而,他们为什么不选择和石显同流合污,反而是坚决与之对抗,甚至舍弃生命也在所不惜?恰恰因为他们都有功利心,抗争才更可贵,因为他们将功利心舍弃,甚至不惜舍弃自己的生命。

元帝时,年轻的儒生王章(字仲卿)在长安学习。

王章病重,没有被子,只能躲在牛衣中,与妻子涕泣诀别。

妻子生气地呵斥:"仲卿啊!你在京师受尊重,哪个显贵人物能超过你?现在生病了,在艰难困厄中,不靠自己振作,反而涕泣,多么浅陋啊!"

后来,针对王氏专政,已贵为京兆尹的王章想上奏封事,妻子阻拦他说:"人应当知足,独不念牛衣中涕泣时耶?"

王章说:"非你所知也。"

上书后,王章被下狱处死。

是啊!

独不念牛衣中涕泣时耶?

非不念也!

此一时,彼一时也。

第十一篇

白首太玄经

一个时代中总会有些人显得很另类、很酷,与众不同。

刘禹锡《陋室铭》中"西蜀子云亭"的主人公,即为其例。

扬雄(前53年—公元18年)字子云,蜀郡成都人(今四川省成都市郫都区)。扬雄的姓,是水波清扬的"扬"。

扬雄的祖先可以追溯到周朝的杨伯侨,传说他是晋献公之弟。

根据《汉书》记载,伯侨后代,用晋的扬作为食邑。后来,扬氏有人称侯,号称扬侯,扬侯的后人就以"扬"为姓。扬氏先是在河、汾一带,后迁徙到楚巫山,再沿江逆上,到巴江州,其中有一位扬季,官至庐江太守。

元鼎年间,扬氏为避仇再次溯江而上,迁到岷山之南的郫①居住,世代以农桑为业,家里有一廛②田、一区宅。从扬季到扬雄,五世单传一子,也算是弥足珍贵。

扬雄从小就很好学,他不喜欢研究章句,只是通晓字词解释而已,但博览群书、无所不读。博学的小扬雄,却有个缺点:口吃。如此一来,倒也

---

① 郫(音 pí),郫县,地名,在四川。
② 廛(音 chán),一夫之田,大约百亩。

养成扬雄独特的性格:他为人平易宽和,爱沉思,清静无为,没有什么嗜好与欲望,不为富贵四处奔走,不为贫贱忧伤哀愁,不故意修炼品性在世上博取名声。

扬雄的家产不超过十金,穷得没有一石余粮,他却很安然。他胸怀博大,不是圣哲的书不读;不如自己的意,即使富贵也不去做。

扬雄生长于蜀地,一直仰慕当地的大文豪司马相如。扬雄很喜欢辞赋,一旦作赋,常模仿司马相如。

出生蜀地的李白仰慕两位文豪,有诗赞叹:"朝忆相如台,夜梦子云宅。"

真是当代文豪慕前代,更有后代慕两代,一代却比一代高!

扬雄认为屈原的文才超过司马相如,却不容于世,他每次读《离骚》都会流泪感伤。于是,他写下一篇《反离骚》,从岷山投入江水中,想借此告慰屈原:君子得时就大行其道,不得时就像龙蛇一样蛰伏。机遇好不好,都是命运的安排,何必自投江水呢?

成帝听说扬雄的文采,就命他在承明庭中待诏。

其后,扬雄随成帝前往甘泉宫,作《甘泉赋》。在赋中,他把甘泉宫夸得像天帝的紫宫一样,文辞极尽溢美之言。

扬雄另写有《河东赋》《羽猎赋》《长杨赋》,加上《甘泉赋》,被称为"扬雄四赋"。扬雄虽在形式上模仿司马相如,但在内容上有所创新。四大赋天马行空、铺排夸饰,却又典丽蕴藉。

扬雄一直淡泊名利,官也做得不大,却好古乐道,一心想以文章在后世扬名。他认为:

经莫大于《易》,就模仿作《太玄》;

传莫大于《论语》,就模仿作《法言》;

史篇莫善于《仓颉》,就模仿作《训纂》;

箴莫善于《虞箴》,就模仿作《州箴》;

赋莫深于《离骚》,就模仿作《反离骚》;

辞莫丽于相如,就作四赋。

扬雄确实才华横溢,但追求过于雄伟,想全方位、无死角地超越各个领域最顶尖的经典。这种行为无论在哪个年代,都会被人认为是痴人说梦,可供晒笑。

当时嘲笑他的人太多了，有的说他只管写书，也不追求富贵；有的说《太玄》深奥，没人会喜欢看；有的说《太玄》又不能求禄利，不会有人重视。

扬雄写出《解嘲》和《解难》，表露心迹。一定要知音多，才是好事吗？知音太多，岂不是意味着，我的思想过于贫乏、过于简单、过于媚俗吗？

王莽时，刘歆、甄丰的儿子们犯事，却把扬雄也牵连进去。

刘歆是刘向之子，子承父业，完成校书工作，依其父《别录》体例，更著《七略》(今已佚)，分为辑略、六艺略、诸子略、诗赋略、兵书略、术数略、方技略等七部，著录图书计 13 269 卷，其分类体系对后世影响极大。刘歆不仅在儒学上颇有建树，在校勘学、天文历法、史学、诗等领域都堪称大家。比如他定圆周率为 3.15471，已非常接近现在的数字。

可惜，刘歆在政治上极为不贞，也颇显幼稚。王莽篡位后，刘歆被封为国师、嘉新公，成为新朝的笔杆子、"四辅"之一，他还将女儿许配给王莽之子。

王莽初以符命自立，篡位后，就禁绝符命。然而，刘歆之子刘棻①和甄丰之子甄寻奏献符瑞，王莽发怒，杀了甄丰父子和刘棻。同时要求追查同党，只要供词牵涉之人，有关部门可立即逮捕，不用奏请。

办案使者来抓扬雄之时，他正在天禄阁校书。扬雄怕不能逃脱，就从阁上跳下，几乎跌死。

王莽听到此消息后，非常惊讶。原来是因为刘棻跟扬雄学过古文异字，就将他供出来。扬雄根本不知献符命的事，王莽就此不予追查。事后，京师人因为扬雄在王莽手下做事，对他冷嘲热讽，大家说："惟寂寞，自投阁；爰清静，作符命。"

扬雄因病免职，后又被召为大夫。扬雄家境素来贫寒，却喜欢喝酒，有人就会带着酒菜去向他学习。

巨鹿人侯芭常跟扬雄一起居住，学习《太玄》《法言》。刘歆看到后，对扬雄说："白白使自己受苦！现在学者有利禄，还不能通晓《易》，何况《太玄》呢？我怕后人要用它来盖酱瓿②了。"

---

① 棻(音 fēn)，有香气的木头。

② 瓿(音 bù)，酱瓿原指盛酱的器物，后用为"覆酱瓿"之省，喻著作的价值不为人所认识，只能用来盖酱瓿而已。

扬雄笑而不答。

天凤五年（18年），扬雄去世，享年71岁，侯芭为其建坟，守丧三年。

当时，大司空王邑、纳言严尤听说扬雄去世，对桓谭说："您曾称赞扬雄的书，这些书能流传后世吗？"

桓谭说："一定能够流传。可惜您和我都看不到。"

地皇四年（23年），刘歆预测王莽必败，与人密谋诛杀王莽，事败被诛。

《太玄》和《易》不同，是扬雄创造的三进制体系，有81卦。东汉年间，《法言》大行于世，《太玄》终究不显。

子时，再读扬雄，我深感于他的淡然与执着。

孤灯一盏，我在键盘上敲下这段文字的时候，心境也许如同扬雄写下《太玄》时一样吧！谁知道有没有人会看到、会理解呢？

后人对扬雄有赞叹、有批评，千百年未绝。就连李白也对他时而赞叹，时而批评。

李白在《侠客行》中以"谁能书阁下，白首太玄经"结尾，在《送王屋山人魏万还王屋》中，把好友杨利物比作扬雄，"吾友扬子云，弦歌播清芬。"但在《古风（八）》又批评扬雄"子云不晓事，晚献长杨辞。"

我想这些诗是写在不同的年纪吧，当经历风霜后，也许会发现：一个物欲横流的社会，有一些傻子做一些傻事，是很难得的。

我们且摘录《太玄》的部分篇章，读一读，以此来纪念扬雄，也告诉刘歆，后人不会用它来盖酱瓿。

玄首序

驯乎玄，浑行无穷正象天。阴阳坙参，以一阳乘一统，万物资形。方州部家，三位疏成。曰陈其九九，以为数生，赞上群纲，乃综乎名。八十一首，岁事咸贞。

玄测序

盛哉日乎，炳明离章，五色淳光。夜则测阴，昼则测阳。昼夜之测，或否或臧。阳推五福以类升，阴幽六极以类降。升降相关，大贞乃通。经则有南有北，纬则有西有东。巡乘六甲，舆斗相逢。历以记岁，而百谷时雍。

☰
☰

中:阳气潜萌于黄宫,信无不在乎中。

初一:昆仑旁薄,幽。测曰:昆仑旁薄,思之贞也。

次二:神战于玄,其陈阴阳。测曰:神战于玄,善恶并也。

次三:龙出于中,首尾信,可以为中庸。测曰:龙出于中,见其造也。

次四:庳虚无因,大受性命,否。测曰:庳虚之否,不能大受也。

次五:日正于天,利用其辰作主。测曰:日正于天,贵当位也。

次六:月阙其抟,不如开明于西。测曰:月阙其抟,贱始退也。

次七:酋酋,火魁颐,水包贞。测曰:酋酋之包,任臣则也。

次八:黄不黄,覆秋常。测曰:黄不黄,失中德也。

上九:颠灵气形反。测曰:颠灵之反,时不克也。

……

第十一篇

西汉终结者

第一回　忠臣王莽

王莽（前 45 年—23 年，字巨君）何许人也？

历史的多密度河水在起作用：

王莽作为新朝的篡立者，汉朝人自然不会对他留情面，《汉书》中说："自书传所载乱臣贼子无道之人，考其祸败，未有如莽之甚者也。"

后世的儒者也同样对他不留情面，位列明朝三大才子之首的杨慎说："以乡愿窃天位王莽也。"

直到 20 世纪初，胡适开始为王莽鸣不平，他说："两千年来没有人替他说一句公平的话！"

学术界有一些声音开始为王莽说"公平的话"，但大部分学者对王莽的态度还是以否定为主。

王莽像一根刺，扎在西汉和东汉之间，扎得很深，根本拔不掉。

王莽的坏名声来自于行废立事。然而，如果新朝像宋朝一般国祚绵长，王莽在儒者口中就会成为伟大的新太祖。

似乎，儒者真正介意的并非是篡立。

改革失败、新朝迅速灭亡恐怕才是王莽落下恶名的关键。于是，"公平的话"肯定他政策还是不错的，是符合现代人眼光的，只是超前了，所以王莽在网络上被称为"穿越者"。

纵观中国历史，如王莽一般，手中没有效忠自己的武装力量，完全通过行政权力，平稳地实施改朝换代的事例，前无古人，后无来者。

一个文官，行禅让之事，称帝十五年，也是绝无仅有。

这份独特，颇值得玩味。本篇将着重探究：王莽称帝如何成为可能？

王莽有两个身份：一为外戚，二为儒者。

究竟是哪个身份对称帝更有利呢？

我们不妨将王莽的两个身份扩展一下：一为"儒者"的外戚，一为"外戚"的儒者。

是何种身份让王莽称帝成为可能？

首先，外戚身份根本不足以使王莽称帝，更多时候，人们把外戚理解为依靠裙带关系成为皇亲国戚，从而作威作福、不学无术的人。

其次，儒者在前几回中已经崭露头角，只要努力勤奋，又方法得当，成为丞相，完全可能。但要称帝则不可能。因为单纯的儒者和皇家没有血缘关系，只能处于"臣"的地位。

再次，"儒者"的外戚成功率会大很多，但也仅仅表示，外戚爱好读书，从小喜欢研究《诗》《书》等经典。只是，刘向、刘歆等人的事例告诉我们，不要说是外戚，即使是"儒者"的皇族也无法称帝。

最后，"外戚"的儒者着眼点在儒者，大家评价"外戚"的儒者并不在于他是否具有皇家血缘，更重要的是他能否代表全天下儒者的利益，他是否受到全天下儒者的拥戴。

王莽称帝之所以成为可能，关键在于儒者们的推动，这个时期是西汉儒家发展的顶峰。

回顾前几篇，西汉儒家，从汉初的销声匿迹，到武帝的"小荷才露尖尖角"，再到元帝的"柔仁好儒"，今非昔比。

在王莽初登政坛时，儒家已经一步一个脚印，在思想上，"罢黜百家，独尊儒术"，在官场上，儒生们纷纷成为丞相，执掌天下最高行政权。

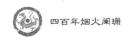

儒生们都在梦想完成最后一击:儒家君临天下。

这个重任会由谁来完成?

历史选择王莽,儒家选择王莽。

王莽篡位大致分为6个阶段,分别是蓄势待发、脱颖而出、蛰伏封国、摄政天下、假皇帝、真皇帝。

第一阶段,蓄势待发。

在王氏外戚集团中,王莽地位很低,由于其父王曼去世很早,其从小孤贫,和叔伯兄弟们的糜烂生活形成鲜明对比。

王莽长得不好看,口腔大,下巴短,眼球凸出,晶体血红,声音粗大沙哑。

王莽从小学习《礼经》,勤身博学,穿着也和儒生一样。他侍奉母亲至孝,兄长死后,也能抚养寡嫂、孤侄。若无篡位事,仅专注于学问,少年王莽真和孔孟一样:孝顺、勤奋和穷。

穷是王莽身上的鲜明标签,即使辅政后也不愿摘除。有一次,王母生病,公卿列侯让夫人们前来探望。门口接待的女人穿着仅到膝盖的布裙,衣服也不及地(汉朝的贵族妇女服饰以裙摆拖地为美,可参见马王堆汉墓帛画中女主人形象)。大家以为是王府的仆人,一问才知道原来是王夫人。

王莽称帝后,穷留下的阴影给他产生重大的影响:他对官员很抠门,俸禄给得很少,这和后世的"穷皇帝"朱元璋似乎异曲同工。

最初,王莽以厘订制度未完为由,从公侯到小吏,工资全部停发。

直到天凤三年(16年),才答应正常发工资,根据不同级别,规定俸禄等级。但是,王莽要求俸禄按照一年来统计,如果天下有灾害发生,就要核算损失比例,官员工资按照比例同等减扣。

王莽这招,颇有现代投资学的理念,老板和职业经理人们有实行对赌的意思,业绩不好,职业经理人的工资就要打折扣。但是,王莽并未规定,盈余后给官员们分红包。所以,这只是单边对赌,明摆着是不想足额发工资。

更有甚者,王莽对全国诸侯的爵位和封地进行重新划分,由于土地规划没做好,没有直接给予封地,而是暂时让诸侯们在京城领工资,每月给几千钱，结果诸侯们的生活都非常困难，甚至还有诸侯专门去打工赚钱谋生。

即使在这种情况下，也完全不用担心没人做官，王莽的职业经理人们总是生财有道，天下的百姓自然就倒霉了。

很多人都说王莽是匿情求名，为上位，一直克制情感。确实，在晋升之前，谨小慎微、克制自己，这也是人之常情，你我都有，不用过于苛责。我们更要发现的是，有些秉性是王莽一以贯之的，没有压抑。

最终，有些性格，做儒者，很好，做执政者，很不好。

王莽的"孝顺、勤奋和穷"帮助他从王氏外戚集团脱颖而出，从一个最不起眼的"路人甲"，成为集团的接班人。

第二阶段，脱颖而出。

大将军王凤患病，王莽亲自服侍他，尝汤药，蓬头垢面，几月未曾脱衣睡觉。以至于王凤非常感动，弥留之际，将王莽托付给太后和成帝，由此王莽被拜为黄门郎，不久升为射声校尉。

一段时间后，王莽的叔叔成都侯王商上书皇帝，表示愿意拿出自己的食邑封给王莽。名士戴崇、金涉、箕闳、阳并、陈汤等人，也都向皇帝美言，推荐王莽。

永始元年（前16年），成帝封王莽为新都侯，后升任骑都尉光禄大夫侍中。地位越是尊贵，王莽待人接物越是谦恭。同时，布散车马和衣裘，赈济门下宾客，家无余财。他也学孟尝君收养名士，和将军、丞相、卿大夫们交好。

很快，王莽获得社会舆论的充分肯定，高官们推荐他，游士们四处宣扬他，王莽的名气立刻超越其叔父伯父。

此时，发生了除掉淳于长的事件。

《汉书》的记载颇耐人寻味：太后姐姐的儿子淳于长因有才能列位九卿，先被提升，位在王莽之上。王莽暗地罗织他的罪行过失，由大司马曲阳侯王根告发淳于长，淳于长伏法被诛，王莽却因此事获得了忠诚正直的名声。

如果不去翻看《淳于长传》，我们可能会认为王莽是清除异己，为己夺权扫清道路。实质上，淳于长在《汉书》中名列《佞幸传》，是个奸佞小人。

淳于长是靠王政君的关系当上官，却没得到重用。在王凤病重期间，淳于长和王莽一样,都非常认真地服侍王凤。王凤临终前,也把淳于长托付给太后和皇帝。

后来,淳于长帮助赵飞燕当上皇后,因此飞黄腾达起来。他很受皇帝信任,富贵超过当时的公卿大臣。淳于长在外结交诸侯、牧守,他得到的赏赐以及官员们贿赂的钱财累计巨万。他又娶许多娇妻美妾,沉湎声色犬马,不遵奉国家的法令制度。

淳于长在政治舞台上混迹十余年,于国于民毫无建树,他为官之道,唯有贪:贪权、贪势、贪色……王莽除之,固然是政治斗争使然,但也不能否认其有痛恨贪腐的心理。

除去淳于长后,儒者和外戚无不拍手称快,王莽也获得忠直的美名。

绥和元年(前8年),成帝采纳何武的建议,将御史大夫改名为大司空,又把大司马、大司空的俸禄提高到与丞相相等,确立大司马(主管军事)、大司空(主管礼仪、祭祀)和丞相(主管行政)鼎足而立的三公制。三公制是商周时代的官职,其时,王根为大司马、何武为大司空、翟方进为丞相。

元寿二年(前1年),哀帝改丞相名为大司徒。直到东汉建安十三年(208年),曹操废除三公,恢复丞相制度,并自任汉朝丞相。

其间,汉朝再无丞相职务。

成帝之时,汉朝立国已久,社会矛盾积重难返,丞相的工作也越来越繁杂。成帝总是觉得丞相处理不利,这才会逼死翟方进。采用官职改革的目的,是希望能分解丞相职权,让国家机器运转更有效。

值得注意的是,此时王莽并未掌权,但官制改革的方向却是"复古"。由此可见,王莽执政后的"复古"政策,并非是无厘头的个人偏好,而是儒家官员为解决顽疾开出的"良方"。

不久之后,王根退休,推荐王莽接班。

由此,38岁的王莽成为大司马。

王莽是一个追求名誉之人,他忘我地勤奋工作,招聘贤士担任掾吏,皇帝的赏赐和封邑的收入全都拿来赏赐士人,生活也越来越俭朴。

王莽辅政一年多后,成帝去世,哀帝即位。王政君命令王莽辞官,让权给哀帝的外戚。王莽上疏乞骸骨,结果哀帝挽留,还派丞相孔光、大司空何武、左将军师丹、卫尉傅喜等人去劝说王政君。最后,王政君只能同意让王莽重新辅政。

第三阶段，蛰伏封国。

其后，王莽得罪哀帝的祖母定陶傅太后，请辞回封国。

哀帝刘欣（前25年—前1年）是元帝之孙、成帝之侄，其时，朝廷有四个太后：太皇太后王政君（元帝皇后、成帝生母）、皇太后赵飞燕（成帝皇后）、皇太太后傅氏（元帝昭仪、定陶王刘康的生母）、帝太后丁姬（哀帝生母、定陶恭王刘康之妾）。

当时的朝廷是外戚满朝窜，其中资历最老的当数王氏，口碑也最好，实力最弱、口碑最差的当属赵氏。哀帝时，王氏集团在王政君的要求下，全部退出政治舞台。剩下的三股外戚势力纵横朝堂，特别是丁氏、傅氏集团在短时间里骤然兴盛。

傅氏、丁氏原是没什么机会的，但因为赵飞燕向无子的成帝推荐侄子哀帝即位，哀帝的祖母系傅氏和生母系丁氏一下子鸡犬升天。

傅太后老谋深算，自己从小抚养哀帝，不让哀帝亲生母亲丁姬插手。哀帝登基后，傅太后将自己的侄女嫁给哀帝，成为皇后，加强对皇权的掌控。

此时的王莽就像冬眠的蛇一样，闭门谢客，安分守己，克制到无以复加的地步。他的儿子王获因事杀死奴婢，他严厉斥责，逼其自杀。

这种不近人情，看我们如何去理解，既可以说他是铁面无私，也可以说他是沽名钓誉。当时，王莽留在封国三年，官吏上书替他申冤者数以百计，口碑是极好的。

元寿元年（前2年），出现日食，贤良周护、宋崇等在对策时极力颂扬王莽功德，哀帝就此召回王莽。

第二回　我学周公旦

第四阶段，摄政天下。

王莽回京一年多后，哀帝去世，无子，傅太后和丁太后此前已死，这

下王氏集团翻盘的机会到了：王政君在哀帝去世当日，立刻收缴皇帝玺绶和调遣军队的符节，随后命令百官奏事、内宫太监和皇帝亲兵都归皇帝指挥；让王莽派人去迎立年仅9岁的中山孝王刘衎，是为平帝。

同时，王莽收缴哀帝宠臣、大司马董贤的印信，以"断袖之癖"著名的董贤当天自杀，王政君任命王莽为大司马。

王莽废掉赵飞燕和哀帝傅皇后，令她们两人自杀，凡是丁氏、傅氏和董贤的亲属都被免官流放。

平帝登基后，王莽和亲信们开始互相抬轿子。先是王莽上书，奏封太傅孔光为太师、车骑将军王舜为太保、大司空左将军甄丰为少傅，奖励拥立之功，古代有"四辅"的说法，结果三缺一，封三个人，王莽没得封。三位老兄自然是不愿意，率领朝臣，上奏推举王莽。

太后下诏，表彰王莽历经成、哀、平三帝，担任三公，典周公之职，见万世策，封王莽为太傅，主管"四辅"事务，号称安汉公。

王莽显出诚惶诚恐的模样，宣称不得已接受封号，但辞去增加的封地、世袭爵位和封邑的赏赐，表示愿意等到老百姓家家都丰衣足食后，再接受这样的赏赐。

群臣们再三进谏，王莽终究没有接受，反而建议册封诸侯王的后代和高祖以来功臣的子孙，有大功的封为列侯，或者赐予关内侯的爵邑，然后是在职的王公大臣，各按等级次序封赏。

敢情不是自己的东西，王莽给的爽快得很。官员们哪会知道，今后的皇帝王莽会那么小气呢？

元始元年（1年）六月，朝廷封周公的后人公孙相如为褒鲁侯，孔子的后人孔均为褒成侯，奉周公与孔子的祭祀，追谥孔子为宣尼公。

此时的王莽俨然一副周公旦的模样，然而，聪明的读者一定会理解王莽与周公旦之间何止天差地别。

平帝期间，王莽的摄政基本上围绕"讨好太后，剪除异己""嫁女为后、杀子固权""装神弄鬼、粉饰太平"这几条思路展开：

其一，讨好太后，剪除异己。

王莽摄政之时，最大的威胁来自于王政君。所以他既要对王太后百般讨好，获得她的信任与支持，又要防止其他人获得她的信任。

红阳侯王立是太后的亲弟弟,王莽的伯父没有当官。王莽内心非常敬畏他,怕王立在太后面前说闲话,使自己不能为所欲为,就让孔光向王政君上奏王立以前的过错,说王立明知淳于长犯了大逆不道之罪,还大量接受他的贿赂,等等。可是王政君并没有听孔光的。

马仔不管用,只能老大亲自出马游说。

王政君不得已,只能将王立遣送回封地。

其时,真正摄政临朝称制的是太后王政君,王莽看中太后厌倦朝政,便暗示公卿们上奏,让官员们都来拜见安汉公,接受考核,太后不用亲自过问小事。

太后下诏,今后只有封爵的事须上报,其他事皆由安汉公和四辅评定决断;凡是州牧、"二千石"及秀才出身的官吏等初次授官任职需要禀奏事务的,就让他们向王莽汇报。

王莽就将上奏之人一一找来询问,表达亲切关怀之谊,赠送厚礼,对不合己意的人,公开上奏予以免官。

王莽还向王政君进言,太后应当暂时穿没有花纹的丝织品,减省膳食,以为天下表率。王莽自愿出钱百万、献田三十顷,交付大司农救助贫民。每次发生水旱灾害,王莽就吃素。这种行为,既讨好太后,也博得天下美誉。

其二,嫁女为后,杀子固权。

王莽获得太后信任,取得实际摄政地位后,就想将女儿嫁入宫中为后,以巩固权力。

其上书建议选美女入宫,有关部门立刻上报众多女子的名单,王氏家族的女子有许多在候选名单中。

王莽担心她们与自己的女儿竞争,就进言道:"我自身没有德行,女儿的资质也很平庸,不宜与别的女子一起挑选。"

太后认为王莽很真诚,下诏说:"王氏家族的女子,是朕的娘家人,不要选她们。"

如此一来,王莽的马仔又出动了。每天都有百姓、诸生、郎吏以上的官员等千余人,要到宫门上书,公卿大夫有的在朝堂上,有的跪在官署门前,都说:"安汉公的伟大功勋是那样昭明,现在正当立皇后,为什么偏偏不选安汉公的女儿呢?让天下人如何归附效命呢!我们希望安汉公的女儿

做国母。"

王莽派长史等官员分别劝止公卿和儒生们，然而上书的人更多了，根本止不住。太后不得已，只能让王莽之女做皇后。王莽的女儿嫁给年仅12岁的小皇帝，是她的幸抑或不幸呢？

王莽为限制平帝母族的发展，赐平帝生母卫姬为中山孝王后，赐平帝舅舅卫宝、卫玄关内侯爵，让他们留在中山国，不允许到首都来。

王莽之子王宇生怕平帝长大后怨恨，就暗中派人和卫宝等人通信，让卫姬上书请求到长安来。

有一次，王宇和老师吴章、妻兄吕宽商讨此事，吴章认为劝谏王莽无效，但可以制造灾异，让王莽感到恐惧，再由吴章趁机推演，劝说王莽将朝政归还卫氏。

王宇就让吕宽在深夜将血洒在王莽府邸，却被门吏发觉，王莽将王宇送进监狱，逼其服毒自杀。王宇之妻吕焉怀有身孕，被囚于狱中，生下孩子后被杀。

同时，王莽趁机诛灭卫氏。王宇案还牵涉到敬武公主（元帝之妹）、梁王刘立、红阳侯王立、平阳侯王仁等皇亲国戚，王莽派使者逼他们全部自杀。

此案牵连数百人，朝廷震惊。却有大司马护军褒上奏说："安汉公爱子之情虽深，但为维护皇室利益，不顾惜私情。安汉公深思王宇所犯之罪，发愤写下八篇文章，以训诫子孙。应当颁布郡国，命学官教授生员。"群臣一致请求将安汉公的诫文与《孝经》一样来看待，把天下能诵读安汉公诫文的官吏，登录在册，以备选用。

王莽为攫取大位，不惜牺牲儿女的幸福和生命，哪里还有半点儒者的仁心呢？这份心思既然已经启动，就很难停止，还要假装自己是儒家的代言人。

其三，装神弄鬼，粉饰太平。

王莽上奏请求建立明堂、辟雍、灵台（御用天文台），为学者筑房舍万间，开放集市，设置常满仓，规模盛大。

1956—1957年，西安市西郊汉长安城南郊发掘出一座西汉时期的礼制建筑遗址，很多专家认为是王莽建立的明堂，具体形状如图：

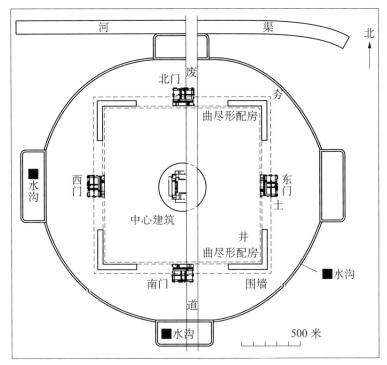

大土门遗址平面实测图（黄展岳，2003）

关于辟雍，有的观点认为，辟雍就是太学，《礼记·王制》中记载"大学在郊，天子曰辟雍，诸侯曰泮宫。"也有的认为，明堂与辟雍是一体的，辟雍是明堂的圜水。

东汉，辟雍和太学的功能应该是有重叠的，明帝建好辟雍后，就想毁掉太学。结果，太尉赵憙建议太学、辟雍应该并存，就没有毁掉。

王莽在太学开设《乐经》课，增加博士生员，每一经各增五人讲授。征召天下精通一种学艺的教授11人以上，以及藏有散佚的《礼》、古文《书》、《毛诗》、《周官》、《尔雅》、天文、图谶、钟律、月令、兵法、《史篇》等方面文字并精通其意的，都征召到公车。

王莽做这些，也是迎合天下读书人之心。当时网罗天下异能之士，前后有数千人前来。据说他修建明堂时，聚集儒生和老百姓十万人，仅仅施工20天就大功告成。

很多大臣说，尧舜建设、周公旦营造成周，也不过如此呢。群臣们又

奏请加赏王莽。

王政君同意，昭议九锡之法。官民因王莽不受新野田之赐，前后共有487 572人上书。

元始五年（5年）五月，王莽加九锡①，王莽是历史上第一位加九锡的大臣。

一般而言，历史上加九锡的大臣，离篡位也就不远了。原本，九锡和篡位无关，是古代皇帝赐给诸侯和大臣有殊勋者的九种礼器。

究竟是哪九种礼器，并没有明确典章制度规定。我们且用《三国演义》第六十一回《赵云截江夺阿斗　孙权遗书退老瞒》中的描述，了解一下"九锡"：

一、车马【大辂②、戎辂各一。大辂，金车也。戎辂，兵车也。玄牡二驷，黄马八匹】；

二、衣服【衮冕之服，赤舄③副焉。衮冕，王者之服。赤舄，朱履也】；

三、乐悬【乐悬，王者之乐也】；

四、朱户【居以朱户，红门也】；

五、纳陛【纳陛以登。陛，阶也】；

六、虎贲【虎贲三百人，守门之军也】；

七、铁钺④【铁钺各一】；

八、弓矢【彤弓一，彤矢百。彤，赤色也。玈⑤矢千。玈，黑色也】；

九、秬鬯⑥ 圭瓒【秬鬯一卣⑦，圭瓒副焉。秬，黑黍也。鬯，香酒，灌地以求神于阴。卣，中樽也。圭瓒，宗庙祭器，以祀先王也】。

曹操、司马昭、南朝四朝（宋、齐、梁、陈）开国皇帝（刘裕、萧道成、萧衍、陈霸先）、杨坚、李渊都加过九赐。以至于九赐成为篡位的代名词。

当然，也有少数人加九锡后没篡位。三国吴国的士燮⑧被曹操以东汉

---

① 锡（音cì），通"赐"。
② 大辂（音lù），古代的一种大车。
③ 舄（音xì），赤舄，古代天子、诸侯所穿的鞋。
④ 铁（音fū）钺（音yè），铁，即斧也，钺，斧属。
⑤ 玈（音lú），黑色。
⑥ 秬(音jù)鬯(音chàng)，古代以黑黍和郁金香酿的酒，用于祭祀降神及赏赐有功的诸侯。
⑦ 卣（音yǒu），一种器皿，属于中国古代酒器。
⑧ 士燮（音xiè），汉末三国时期割据交州一带的军阀。

之名"加以九锡六佾之舞"(《晋书·地理志》),但他只是成为赵佗一样的割据军阀,从未篡位。

加九锡后,王莽做过很多粉饰太平的事情,俨然尧舜之世在人间重现。

即使如此,王莽还是觉得速度太慢,终于对平帝下手了。元始五年(6年),平帝去世,年仅14岁。

平帝病时,王莽仿效周公旦,作策藏于金縢,至于前殿。

在王莽虔诚的祷告下,平帝终于驾崩。

第三回　假作真时真亦假

第五阶段,假皇帝。

平帝死后,王莽并未立即称帝。他早有预谋地选中宣帝的玄孙刘婴,称他卜相最吉,适合当皇帝。

这位尚在襁褓之中的婴孩稀里糊涂地当上皇帝。

此时当汉朝皇帝是世界上最悲惨的事。

刘婴从小被监视,乳母也不能和他说话,王莽将其养在四壁合围的房屋中,以至于长大后六畜不识,跟傻子一样。

然而,王莽没有杀刘婴。最终,杀掉刘婴的是更始帝刘玄的军队,因为有人要拥立刘婴,重登皇帝宝座。

王莽选中婴儿皇帝,是因其容易控制。

迎立刘婴之月,武功县长孟通疏通水井之时,挖出一块白石头,上部是圆形,下部是方形,上有朱红色文字,写着"告安汉公莽为皇帝"。这一"天意"让群臣们兴奋起来,向王政君提议,请王莽摄政"皆如天子之制",并于次年改元"居摄"。

在群臣的压力下,王政君被迫诏令王莽"居摄践祚,如周公故事",暂代天子朝政,称"假皇帝",又称摄皇帝,尊年仅17岁的孝平皇后,也就是王莽的长女,为皇太后,并改次年(公元6年)为居摄元年。

王莽虽称"假皇帝",但在朝廷中称"予",在朝见太皇太后、帝皇后时,

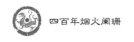

必须恢复臣子的礼仪，须自称"臣"。王莽在宫中的值班室被称为"摄省"，官署被称为"摄殿"，府第被称为"摄宫"，其公文称"制"。

此处的"假"是代理的意思，不具贬义。

平帝去世后的第二年正月，王莽正式就任"假皇帝"，以刘婴为皇太子，号曰"孺子"。

第六阶段，真皇帝。

初始元年（8年）是西汉最后一个年号，也是最短的一个年号，仅1个月的时间。在这一个月里，刘邦创立的伟大王朝走到尽头。

来自四川梓潼的小人物哀章，成为压垮伟大王朝的最后一根稻草。哀章素来品行不端，爱吹牛说大话。他见到王莽居摄，就制作一支铜匮，写有两道封书题笺，其中一张写着"天帝行玺金匮图"，另一张写着"赤帝行玺邦传予黄帝金策书"。

刘邦起义之时斩白蛇，号称是"赤帝子斩白帝子"，自诩为赤帝之子。

哀章伪造的文书里说王莽是真天子，皇太后应按上天旨意行事。图和书都写着王莽的八个大臣，又捏造两个名字叫王兴、王盛，再加上哀章本人，一共十一人，都署上官衔和爵位，作为辅国大臣。

然后，哀章选择某天黄昏，身穿黄色衣服，提着铜匮去高帝庙，把它交给仆射，仆射赶紧上报给王莽。

得知此事，王莽就坡下驴，择日到高帝庙接受天命禅让的铜匮，头戴王冠，拜见王政君；然后下诏，去掉汉朝的名号，废孺子婴，自立为皇帝，改国号为"新"，史称"新莽"。

至此，西汉灭亡。

王莽得偿所愿，似乎儒家也到达顶峰，依托新太祖所信奉的那些儒家执政理念，儒家就此可以一展拳脚，在权力的最高峰实现理想抱负。

然而，王莽执政时期的一系列糟糕政策，最终埋葬了短命的新朝和儒家的最高峰。此后，这个儒家的最高峰在儒家眼中是如此的扎眼和讽刺。

王莽在儒生们的歌功颂德、装神弄鬼中登上权力宝座，等待他的却是西汉留下的一副烂摊子：朝廷赋税劳役日趋严重，官员们奢侈挥霍，土地兼并让百姓几无立锥之地。

王莽一意改制，否则也不会起名"新朝"，自有革故鼎新之意。既然王莽是依托儒家的理论体系，一步步实现篡位的，那么他所实行的改制，就必须遵循儒家的原则。面对当前棘手的问题时，他所能想到的解决方案都要从儒家宝库中寻找。

儒家提倡的"仁政"，除去对上古时代的敬仰，始终缺乏具体的施政措施。王莽欲实行"仁政"，就必须去上古寻找，此时离上古已远，文献又数度损毁，上古制度的原貌已不可知，王莽的"仁政"只能是"托古改制"的山寨版。

王莽的"仁政"涉及经济领域的方方面面，既涉及农业，也涉及商业，而且马不停蹄，没有时间表、没有路径图，全面启动实施。其在经济领域主要有三大改革，分别涉及农业（王田制）、商业（五均六筦）和货币（币制改革）领域。

王莽此人，虽然从小俭朴，但仍是长于外戚、宦臣之家，对民间的实际情况并不了解。本人志大才疏，虽有澄清宇内之志，却拿不出切实妥帖的政策，三大改革全部宣告失败，"仁政"最终流产。

王莽的第一大改革即王田制。

始建国元年（9年），王莽颁布方案，实施"王田制"改革，把全天下的田改名叫"王田"、奴婢改名叫"私属"，都不准买卖。家庭人口男性不满八人，而占有田亩超过一井的，要将多余的田亩分给九族亲属和乡邻。原来没有田的，现在应当分得田。

王莽把全国的田改名为王田，取自"普天之下，莫非王土"。所谓"一井"是来自于井田制，这是夏商周时期的土地制度。我们大致可以理解为，将田做井字形的划分，形成九块土地，当中的一井是公田，由八户共耕，归公家所有。其余八井，一户耕一井，归自己所有，一井大约在一百亩。

这是用平均田地的思路，解决西汉末年的土地兼并严重问题。土地制度是中国古代贯穿始终、周而复始，且无法调和的问题。

哀帝时，三位儒生官员：大司马师丹、丞相孔光、大司空何武，分别向皇帝奏请，要求诸侯王、列侯、公主等拥有的"名田"进行限制，对奴婢的数量也有所规定。消息传开，长安的"房价"和"奴价"立即下跌。

如果"限田限奴"实施，必定直接影响到权贵们的生活质量，他们恐慌起来，哀帝也举棋不定，最终没有实行。

王莽的思路是西汉末年儒生治国思路的延续和升级，井田之下，天下之田都是"王田"，农民无非是"租用"王田。土地因为是"租用"的，所以不允许买卖转让。同时，租户必须缴纳一部分的"租金"：耕种公田。

然而，由于中国土地广袤，情况复杂，很多专家认为"井田制"也许只是儒家的理想制度，并未真正实行过。

从初心来看，王莽确实想替老百姓办事，他改变了土地聚集在少部分富裕人群手里的局面，减少普通百姓的税赋压力。但是，他把秦汉以来的土地问题都归结于"废井田"，希望用恢复"井田制"的方法实施改革，却忽视"废井田"开创秦、汉两个大一统帝国的事实。

用乌托邦去解决现实问题，势必碰壁。始建国四年（12年），中郎区^①博向王莽进谏。区博大胆告诉王莽，你错啦！秦"废井田"是顺应民心的，到现在为止，老百姓还没厌恶呢。

王莽也知道天下百姓怨恨，正好就坡下驴，宣布私人占有或朝廷赏赐的王田，都准许买卖。私自买卖平民的人，也不要去追究。

仅仅四年，王莽就废除自己雄心勃勃的政策，虽然知错就改，勇气可嘉，但对于执政者来说，这无疑是削弱其威信的。

与"王田制"同时完结的还有禁止奴婢买卖，这本应该是一条好政策。王莽尊重人的权利，认为强抢强卖人家的妻子儿女，违抗天意，有悖人伦。

可是，这项政策也随着王田制的取消，不了了之。

始建国二年（10年），也是实施王田制后的第二年。王莽下诏，推行"五均六筦"^②改革。所谓"五均"是在长安、洛阳、邯郸、临淄、宛（今河南省南阳市）和成都等六个一线超级大都市设立五均官，由城市原来的令、长兼任，称为"五均司市师"。

五均官的理念是超前的，它综合有当今的几个部门职能，有类似于"物价局"职能，五均官要以四季的中月即二、五、八、十一月的商品价格作基础，按商品质量分为上、中、下三等标准价格，定时评定物价。

---

① 区（音ōu），姓氏。

② 筦（音guǎn），指古代绕丝的竹管。五均六筦是王莽新朝时对六种经济事业的管制措施。

类似于"发改委"的职能，五均官要控制市场供应，货物涨价时，则以平价出售，促使价格回落。货物的市场价格低于平价时，则听任自由买卖。五谷布帛丝绵等重要民用产品，如果滞销，则按成本加以收购，使经营者不致亏折。

类似于"银行"的职能，五均官要根据具体情况，借钱给城市居民作非生产性的消费，如祭祀丧葬的用费，发放无息贷款，短期即还（祭祀不超过10天，丧事贷款期不超过3个月）。同时也借钱给自主创业者，要多少、贷多少，按借款者的纯利润额收取年利十分之一。

类似于"税务局"的职能，五均官要征收山泽之税及其他杂税。

所谓"六筦"，是指由国家专卖盐、铁、酒，专营铸钱，征收山泽生产税，经办五均赊贷等官府掌管的六项经济事务。

王莽的"五均六筦"是在商业领域的重大改革，目的是限制富商大贾的投机兼并活动，希望能保障百姓正常的经济活动，也增加政府的财政收入。

"五均六筦"改革用到很多经济学的原理，在没有系统经济学理论的古代中国，显得格外另类。在市场失灵、社会结构不合理、贫富差距日益扩大的情况下，王莽用政府"有形的手"调节社会经济结构，出发点是好的。

"有形的手"要起效果，必须要求行政部门是细致、高效且廉洁的。王莽为人好大喜功，理论构建很完美，实际行政却粗枝大叶，由此导致"有形的手"成为官商勾结、掠夺财富的手段。

当时规定，每郡任命数位命士监督五均六筦的实施，结果命士都由富商担任。富商们名正言顺地乘着公家的车子去求利，交错天下，和郡县勾结在一起，制造假账，谋求利益，百姓们岂能安生？

不像"王田制"的短命，"五均六筦"坚持时间很长，直到地皇三年（22年），王莽在其政权灭亡前一年，才鉴于农民起义风起云涌，不得不下令废止五均六筦等政策，冀以缓和局势。此时的天下已经崩溃，废止已毫无意义。

改币制是王莽推行的第三大改革。

西汉从汉武帝元狩五年（前118年）时，通行五铢钱。五铢钱是古铜钱，外圆内方，象征着天地乾坤。钱上用篆字铸出"五铢"二字，"铢"是重量

单位,一铢相当于一两的二十四分之一。

王莽为改变汉朝制度,建立新朝金融体系,在其统治时期,实施过四次币制改革。

第一次,居摄二年(7年),王莽以"周有子母相权①"为由重铸新币,并强行规定新币"大钱""错刀""契刀"与原有的五铢钱一起在市场上流通。

错刀和契刀不同于先秦刀币,是在刀型体上加一个圆形方孔钱,币身铸有它的名称和价值。错刀和契刀在圆钱上分别铸有"一刀""契刀"等字样,而刀身则铸有"平五千""五百",它们只是分别代表价值五千个单位、五百个单位,本身并不具有同等价值。

大钱仍是圆型方孔钱,大钱重十二铢,币身铸有"大泉五十",代表价值五十单位,但也是一种不足值的货币。

由于大钱、错刀和契刀的本身金属价值远小于其实际代表的货币价值,为此,民间就生出牟利之法,开始疯狂铸钱。他们用两个多五铢钱的材料,就能铸造一个大钱,面值可以翻50倍。

当然,错刀和契刀的套利空间更大,但由于设计精美,铸造工艺很难模仿,民间只能盯着大钱伪造。

如此势必导致通货膨胀、货币贬值。民间就开始使用黄金进行交易,王莽则禁止黄金在民间流通,强迫民间接受新货币。

第二次,始建国元年(9年),王莽废除错刀、契刀和五铢钱,独保留大钱。另铸小钱,重一铢,币身铸有"小泉直一",价值一个单位,是一种足值的货币。

看起来,币制应是恢复正常了。但王莽却规定:一个大钱可以兑换五十

---

① 周朝称重的钱币为母,轻的为子。子母相权,比喻轻重并行,保持适度的平衡。

个小钱。如此，币值继续混乱，私用五铢钱和盗铸的现象屡禁不止。

第三次，始建国二年（10年），王莽将币制改革推向登峰造极的程度。他发行"宝货"货币，包括六种货币，分别是钱货（圆形方孔铜钱）、金货、银货、龟货（龟甲）、贝货（贝壳）和布货（铲状铜钱）。六种货币又分为二十八个品种。龟甲、贝壳被用来作货币，是原始社会的事情，秦朝以后绝无仅有，这不是创新，而是倒退。

因为品种繁多，换算比值复杂且不合理，老百姓终于崩溃，农商失业，犯法者众。王莽最后只好恢复小钱、大钱两种货币。

第四次，天凤元年（14年），王莽废除小钱、大钱，重新发行货布、货泉。货泉重五铢，价值一个单位，货布重二十五铢，价值二十五个单位，一个货布可以兑换二十五个货泉。这次改革使货币之间的兑换比率趋向合理化。

货泉又回归到五铢钱的重量，王莽的币制改革彻底失败。

虽然"仁政"的三大改革全部失败，但其初衷却是为挽救西汉衰亡的局面，有积极的一面。相较而言，王莽的其他改革却完全是莫名其妙，仅凭个人喜好，任性胡为。

王莽频繁更改朝廷与地方的官制与官名。比如改大司农为羲和，后又更为纳言，改郡太守为大尹，县令（长）为宰。

他还频繁地更改地方行政区划，先是根据《尧典》将全国分为十三州，后又据《禹贡》改为九州。有的郡甚至五易其名，弄得官民都记不清楚，公文上还得附写上旧名。

为向天下四方耀武扬威，王莽专门新设五威将。派遣五威将坐着绘有天文图像的车子，套着6匹母马（象征天子驾六），背上插着鷩①鸟的羽毛，服装佩饰很威武。每一员五威将下面各设置左、右、前、后、中共五帅。

---

① 鷩（音 bi），中国西藏产的一种颜色辉煌的雉。

衣帽、车饰和套车的马,各按照五帅的方位的颜色和数目分布。五威将举着使节,称为天帝太一的使者;手下的五帅举着旗帜,分别称为五帝的使者。

五威将环行天下,到达句町(古国名,在今云南省文山壮族苗族自治州广南县境内,武帝时,句町王率部归汉),贬降句町王为侯;到达西域,把那里的王全都改为侯;前往北方,到达匈奴王庭,授予单于印信,更改汉朝印信的文字,去掉了"玺"改叫"章"。

王莽在处理民族关系上妄自为尊,他无理地贬降各族的王为侯,引起各族的不满和反抗,他改称高句丽为"下句丽",匈奴单于为"降奴服于",破坏中原与匈奴和亲,断绝中原与西域的交通。

……

如此形式主义的任性之举,不胜枚举。

第四回　失败的"仁政"

王莽的"仁政"真如儿戏一般,最终在一片喊杀声中收场。

地皇四年(23年)十月初一,绿林军从宣平城门攻入长安,士兵们贪图杀死王莽能够获得的封赏,奋勇争先,初二就攻至皇宫。绿林军将士们一边呼喊:"反虏王莽,何不出降?"一边火烧皇宫。

69岁的王莽急急忙忙地跑到宣室前殿避火,没想到他跑到哪里,火就烧到哪里。宫女们乱作一团,大声惊呼:"当奈何!"

此时的王莽仍寄托于占卜,他身穿天青色衣服,佩带御玺,拿着虞帝匕首。天文郎在前面按着栻①,随时拨动指针,王莽转动坐席随着斗柄所指的方向坐着,说:"天生德于予,汉兵能拿我怎么样!"

初三一大早,群臣扶着王莽,到达渐台。渐台在池中,王莽想靠池水作为防御,怀里还抱着符命和威斗。

渐台的将士们力战,箭矢都射尽后,和绿林军短兵相接。此时的战斗,

---

①　栻(音 shì),古代占卜用的器具,形状像罗盘,后来叫星盘。

只能是困兽犹斗。

绿林军如潮水般涌入，把水池淹没了。

商人杜吴杀死王莽，取下他的绶[①]，校尉公宾割下王莽的脑袋，绿林军士争相分裂王莽的尸体。他的四肢关节、肌肉、骨骼被切割成许多块。为抢夺这些尸块，士兵们互相砍杀而死的也有数十人。

虐尸行为并未就此终结。

初六，王莽首级被呈送于绿林军拥立的更始帝刘玄处，后挂在宛城的街道上，百姓们还将它弄下来，扔着玩，有人还切下他的舌头来吃掉。

两百多年后，晋惠帝元康五年（295年），皇宫起火，历代宝物如汉高祖斩蛇剑、王莽的头颅、孔子的木屐都被烧掉。

王莽的头颅一直被宫廷收藏着，没有被扔掉，恐怕是想警示后来那些谋朝篡位之人。但终因一场莫名其妙的火，一代枭雄，灰飞烟灭。

王莽身死，却留给我们太多的困惑。

班固在《汉书》中对王莽的执政做出过评论，说出其失败的原因：

其一，王莽认为制度一经确定，天下自然太平，他模仿周公旦的制礼作乐，制度讲求符合《六经》学说。所以，政策一味复古，陷入教条之中。

其二，王莽所任用的公卿等高级干部早晨上朝，傍晚出朝，连年议论，一味空谈，不能作出决断，根本没有时间处理诉讼官司，去解决百姓迫切需要解决的问题。

基层干部中，县宰职位空缺的，时常由别人代理好几年。贪赃枉法的情况，一天比一天严重。派驻各郡国的中郎将和绣衣执法，纷纷利用权势，到处牵连举报。郡县一级搜刮财物，层层贿赂，是非混淆，混浊不清，守在朝廷申诉冤苦的很多。

高级干部空谈，基层干部贪赃。如此的国家治理体系，如何能支撑起王莽的改制雄心呢？

其三，王莽因篡位而得到皇位，就一直提防大臣们学他的样子，不信任大臣们，自己大包大揽一切事务，官员们都接受既定的政令，只求免除罪责。各机要部门、国库和钱粮官，都由宦官管理；官吏和平民上密封报告，

---

① 绶（音shòu），用以系佩玉、官印等东西的丝绸。

都由宦官在他身边拆开，尚书不得而知。

不得不承认，治国的王莽是勤奋的，然而偌大的国家怎能靠一个人的大脑运转，独木难支大厦，王莽时常照着灯火，工作到天明也没有处理完政事。尚书因此有机会营私舞弊，不让王莽知道基层的真实情况。有上交报告等待回答的，几年都不能离开的现象，也有被拘留在郡县里的要遇到大赦才能离开，长安的卫戍部队三年都没有换防。

其四，王莽的性格也有很大的缺陷，他没有坚韧不拔的毅力，也缺乏越挫越勇的气魄，他喜欢改变制度，政令繁多，下属接受指令后要反复请示后才能去办理，这就导致前面的事情没有处理完，后面的事情又赶上来，真是糊里糊涂，没完没了。

王莽是复杂的。

他的篡位成功，是西汉儒家运动的最高峰，经过历代儒生的不懈努力，儒家思想终于光芒万丈，成为统治思想。

他的执政不成功，也无疑使万丈的光芒立刻黯淡，只余无尽黑夜。

更为复杂的是，王莽的执政能力和儒家思想纠缠在一起。我们很难区分：究竟是因为王莽的能力差，还是因为儒家思想不适合治国，导致变法失败。为不损害儒家思想的光芒，只有尽力批判王莽的执政能力，甚至将其妖魔化。

真是"朝真暮伪何人辨，古往今来底事无"。

第十一篇

光武中兴

第一回　牛背上的开国皇帝

西汉十二君，高惠吕后文。
景帝传于武，遂及昭宣元。
成哀平帝后，王莽乃为君。
昌邑兼孺子，二人不足云。

如果要对汉朝不同时期的三位开国者刘邦、刘秀、刘备，进行知名度排名的话，东汉的创立者、光武帝刘秀绝对不会是第一。甚至在民间，由于《三国演义》的缘故，他的名声还远不如偏安西蜀的汉昭烈帝刘备。

三人之间，最受人们关注的，首先是刘邦，其次是刘备，最后才是刘秀。刘秀的出身近似于刘备，取得的成就却不亚于刘邦，甚至超过刘邦。

后世以七步成诗闻名的曹植曾写过一篇文章《汉二祖优劣论》，比较刘邦和刘秀两人究竟谁更厉害些。他评论刘邦有雄才大略、卓异不凡，确实是当世的豪杰之士。而且他手下的武将谋臣，都是古今鲜有的人才，历史上很少能看到的。

评论刘秀用兵，计策出于自心，胜利决定于庙堂。所以窦融闻声而影附，马援一见而赞叹。部下有济济之美，皇帝有穆穆之容。和睦九族，有唐尧般的美称。高尚纯朴，有伏羲般的品质。谦虚纳谏，有周公吐哺似的辛劳；留心民生，有计时日晷似的勤奋。是以论功业则突出，比兴隆则事迹奇异，讲德行无短处，说行为无秽迹，论力量势力小，论辅助则臣弱。他最终能应孟子的"五百年必有王者兴"之谶文，掌握乾坤，创造不可磨灭的奇迹，金石铭刻其业绩，诗书记载其殊勋。

可以看出，曹植对刘秀的评论充满着溢美之词。

实际情况真是如此吗？

真是如此！

刘秀是景帝之子长沙定王刘发的六世孙，算起来是刘邦的九世孙。虽是汉朝皇亲，但谱系已经很远，相比刘备自称的中山靖王之后却要靠谱些。

刘秀的父亲刘钦做过县令，生有三男三女。刘秀是最小的儿子，从小喜欢在田间地头忙乎，勤于农活，为此还受到好侠养士的大哥刘縯①讥笑，言下之意：我刘縯像刘邦，游手好闲，你刘秀却像刘邦的兄长刘仲，只会种田。

王莽天凤年间，刘秀来到长安，学习《尚书》，但也只是略通大意。据说他在长安，也像刘縯一样，喜游侠，斗鸡走马，朋友交了不少。

颇为传奇的是，刘向的儿子刘歆曾经在哀帝建平元年（前6年）改名为刘秀，字颖叔。至于为什么改名，我们不得而知，有可能是为避讳哀帝刘欣的名。颜师古注引汉应劭曰："《河图赤伏符》云'刘秀发兵捕不道，四夷云集龙斗野，四七之际火为主'，故改名，几以趣也。"

这段话值得玩味，有几层引用：隋唐的学者颜师古，说东汉的学者应劭注《汉书》时，对刘秀改名进行考证，是因为一本神秘的谶书《河图赤伏符》中的预言，这段预言同时也记录在《后汉书》中。

现经多方考证，《河图赤伏符》很可能是道士西门君惠为刘歆所作，目的在鼓动刘歆劫持王莽归降更始，以复兴刘氏，和光武帝并没有关系。

---

① 刘縯（音 yǎn），汉朝宗室大臣，汉高祖九室孙，东汉光武帝刘秀同母兄。

但是，刘秀起事后，广泛地应用图谶，为自己登基寻找合法性理由时，顺其自然地利用了这段故事。

然而，同名同姓的这段故事居然以讹传讹，穿凿附会，主角刘歆居然变成配角。

据说有一天，刘秀和哥哥刘縯、姐夫邓晨、朋友蔡少公等人宴饮闲谈。蔡少公学过一些图谶，就说刘秀应该做天子，有人问："是做国师公的刘秀么？"刘秀开玩笑说："怎么就知道不是我呢？"于是，众人哈哈大笑。

刘歆继承父亲大儒的传统，从小就精通《诗》《书》。他曾经与王莽同为黄门郎，交情大概很不错。所以，王莽执政后，不断提拔刘歆。如此紧密的政治结合，刘歆爵位已盛，就开始畏惧起来。

王莽末年，刘歆预感到王莽必败，又怨其杀子，便和卫将军王涉、大司马董忠等人合谋，准备劫持王莽，投奔绿林军。未料被人告密，董忠被杀，刘歆和王涉自杀。

刘歆虽死，《河图赤伏符》的预言却方兴未艾。其时，刘秀正在绿林军中，刚刚指挥完一场历史上著名的以少胜多之战：昆阳之战。

新莽地皇四年（23年），绿林军拥立刘秀的族兄，即自称汉景帝刘启之子长沙定王刘发之后的刘玄为帝，史称"更始帝"。

王莽原来一心对付起于山东的赤眉军，连续派出景尚、王匡和廉丹等率大军平叛，但先后被击败，赤眉军军力大胜，拥众十余万。

葫芦还未按下，瓢却浮起来。起兵于湖北的绿林军进入河南，拥立刘姓宗室，建立政权。

古代政权历来对称帝的起义军格外重视，王莽立即放弃进攻赤眉军，改为对付绿林军，派遣大司徒王寻、大司空王邑率兵马百万人，其中披甲之士42万人，于五月抵达颍川郡，随即向昆阳进发。

为筹备这支大军，王莽征集天下能通晓63家兵法的人士，最后得到数百人，都委派为军吏。同时，挑选训练卫士，招募猛士，军队的军旗辎重，千里不绝。

当时有个叫"巨无霸"的巨人，长一丈，腰圆十围，被委派为守卫营垒的官职。汉代的一丈大约2.3米左右，这个巨无霸比姚明还高一些，站于军中，确实骇人。

王莽还驱使虎豹、犀牛、大象等猛兽,排列于阵前,以壮军威,"自秦、汉出师之盛,未尝有也"。

其时,刘秀率军数千人,到阳关拦截王莽的军队。众将一见这个架势,立刻掉头就跑,奔回昆阳城。他们都惶恐不安,惦念妻儿老小,想干脆散伙,返回各自的城邑。刘秀通过一番思想教育,终于把他们留住。

刘秀让成国上公王凤和廷尉大将军王常留守昆阳城,自己和骠骑大将军宗佻、五威将军李轶等十三骑,连夜摸黑出昆阳城南门,去调集部队。

终于,刘秀突围后至郾、定陵求援,要求他们调拨各营全部兵力,驰援昆阳。结果诸将贪惜财物,还打算分出部分兵力留守,并不愿意出兵援救。

刘秀看到这些将士,气就不打一处来。昆阳城外是数十万虎狼之师,他手下统帅的却是不足万人的瞻前顾后、贪财怕死之士,毫无士气可言。

刘秀对他们说:"今若破敌,能得到万倍的珍宝,大功可成。如为所败,脑袋都保不住了,还要财物干什么?"将士们想想也有道理,就服从刘秀的指挥。

此时的昆阳城外,新军将之包围了几十重,构筑数百座兵营,升起十多丈高的云车,瞰临城中情况,旌旗布满原野,战尘直冲九天,征鼓之声传出数百里之外。

有的军士在挖掘地道战壕,有的修造攻城的楼车用来撞击城门。无数的弓弩向城内乱发,矢如雨下,没有一刻停歇,城中居民每天生活在箭雨之下,连出门取水都要顶着门板而行。

面对如此合围之势,城中守将王凤等人乞降,出人意料的是,新军主将王寻和王邑两人志得意满,以为胜利就在顷刻之间,意气甚逸,拒绝了王凤的投降。也幸亏他们没有接受,否则历史上就无著名的昆阳之战了。

六月初一,郾、定陵援军赶到,刘秀亲率一千多步骑兵,进军到距离新军大约有四五里的地方列阵,新军派出数千人马迎战。

刘秀估计是急疯了,亲自率队冲入敌阵,斩首数十级。

其后的众将都感到惊喜说:"咦!平时看见小股敌人就胆怯的刘将军,今天面对强敌却英勇冲杀,真是奇怪啊!我们共同向前吧,协助刘将军!"

于是,援军共同压上,斩下成百上千敌人首级。

其时，援军取得连胜，不断向前，新军不断后退。

援军将领们士气高昂，刘秀亲率三千敢死队，从城西渡水冲击新军最精锐的中坚，新军溃乱，刘秀趁锐不可当之势，率军冲击敌阵，杀死王寻。

刘秀用数千人的部队冲击精锐，就能成功击溃几十万的新军，有个很重要的原因是王邑和王寻统军失误，两人只率万余人巡查阵地，为防止各营混乱，他们下令各营严格管束自己的部队，没有命令，不准擅自出兵。

新军的中坚混乱溃逃之际，其余部队不敢轻举妄动，无人主动支援。新军的中坚被冲垮，王寻被斩杀后，各部队失去指挥中枢，立即陷入混乱。

昆阳城内的军队看到刘秀得胜，也击鼓呼喊，冲出城门，内外夹攻新军，杀声震天动地，王莽的42万大军土崩瓦解。

恰在此时，天空中电闪雷鸣，狂风怒号，屋瓦被狂风刮飞，大雨倾盆而下，河水大泛滥，连虎豹这类猛兽都吓得四肢颤抖，战败的士兵争抢着渡河，溺死者数以万计，河水因此被堵塞。

王邑率千余残兵逃回洛阳。刘秀缴获的军实辎重，车甲珍宝，不可胜算，几个月都清点登记不完，只好把剩下的物资放火烧掉。

昆阳一战，以数千拼凑之众对四十多万精锐之师，让刘秀威震宇内，名垂青史。

然而，刘秀的大胜并未获得绿林军内部的支持，反而遭人嫉妒。

刘縯、刘秀兄弟起兵之时，所率部众号"舂陵军"。绿林军中，最早的三支派系是：王常、成丹的下江兵，王匡、王凤的新市兵，以及陈牧、廖湛的平林兵。舂陵军是最晚加入，也是实力最弱的。他们兵少将寡，装备很差。

在初期，舂陵军没有马。刘秀还有骑在牛背上作战的经历，因此被称为"牛背上的开国皇帝"。

舂陵军虽弱，但地位特殊，刘縯兄弟毕竟是宗室之后，颇具号召力。

更始帝得到新市兵的支持。他与刘縯虽同为宗室，但所属利益集团不同，更始帝对刘縯兄弟自然非常忌惮。

五月，与昆阳之战几乎同时，刘縯攻下宛城。六月，更始帝入都宛城后，旋即寻找借口杀死刘縯，避免宗室竞争。

挽救绿林军于危亡的刘秀回到宛城后，要干的第一件事情居然是向更始帝谢罪，这是令人难以忍受的。

然而，刘秀面对迎接的官员，不仅拒绝私下交谈，也不为哥哥服丧，只是深深责备自己，饮食言笑一如平常，真是隐忍到极点。

为此，收到的效果是：更始帝大惭，拜刘秀为破虏大将军、武信侯。

昆阳之战后，新军主力全丧，王莽元气大伤。几个月后，绿林军攻入长安，王莽被杀。

一年后，更始二年（24年），更始帝从洛阳徙都长安，分封诸王。封新市兵首领王匡为比阳王、王凤为宜城王，下江兵首领成丹为襄邑王，平林兵首领陈牧为阴平王，等等。刘秀未被封王。

看上去，汉政权重新恢复，但天下仍然陷于军阀混战的局面。绿林军虽然早就建立政权，可是与之规模相当的义军武装还有赤眉军。

最初，赤眉军首领樊崇已经归顺更始政权，亲率将帅二十多人，到洛阳投奔，都被封为列侯。不久，他们逃回自己的地盘，分两路西进，攻击更始政权。

赤眉军剑指长安，所向披靡，连战连捷。在进军途中，赤眉军拥立又一位刘姓宗室刘盆子为帝。

更始三年（25年）九月，赤眉军攻克长安，更始帝投降，旋即被杀，绿林军的更始政权覆灭。

更始帝徙都长安后，刘秀受命招抚河北诸州郡。更始二年（24年）五月，刘秀攻克邯郸，斩杀诈称成帝之子的王郎。此时，更始帝封刘秀为萧王，令其交出兵权后南归。刘秀隐忍多年，终于显出他的愤怒。他辞以河北未平，拒不接受征召。

更始二年（24年）六月，刘秀在鄗①称帝，改元建武，史称汉光武帝，其后定都洛阳，史称东汉。

刘秀从起兵到称帝，只有不到三年的时间，听上去似乎很顺利，其实是如履薄冰、战战兢兢。即使称帝后，他面临的天下，宛如处处着火的荒原，是不能再废的废墟：地方武装风起云涌，割据势力纷纷拥兵自立，除去绿林军的更始政权、赤眉军，还有刘永、公孙述等数十支武装部队，他们有枪便是草头王，或称王，或称帝。仅是河北一地，就有铜马等数十支武装，

---

① 鄗（音 hào），今河北省石家庄市高邑县。

人数达百万之众。

31岁的光武帝能否剥茧抽丝、荡涤乾坤,还中华一个太平盛世呢?

第二回　汉家天子

光武帝立足河北,大破铜马军,连败来援的高湖军、重连军,将余部全部收编,实力大增,时人称之"铜马帝"。

其后,光武帝就不断扫荡更始政权的残余部队,同时击破实力最强的赤眉军。从建武五年到十二年(29—36年)之间,先后消灭渔阳的彭宠、南郡的秦丰、梁地的刘永、齐地的张步、卢江的李宪、东海的董宪、汉中的延岑、夷陵的田戎、陇西的隗嚣、安定的卢芳和巴蜀的公孙述,天下重新回归一统。

虽然光武帝统一天下,但经历过王莽变法、军阀武装割据的汉朝制度,要得到修复,并非一朝一夕之事。

光武帝就像老中医一样,面对病入膏肓、又被庸医频频用错药的病人,悉心医治,终于枯木逢春,药到病除。

刘秀不像刘邦一样,"高鸟尽,良弓藏",光武帝是"杯酒释兵权"的鼻祖,其赐给功臣以爵位田宅、高官厚禄,同时摘除他们的军政大权。其子明帝为追念助光武帝平定天下的武将,命人在洛阳南宫云台阁绘制邓禹等二十八员名将的图像,史称云台二十八将。

在历史上,二十八将绝没有韩信、彭越、英布等"汉初三杰"有名。

是他们能力不如汉初名将吗?

非也。

是他们功绩不如吗?

亦非也。

读历史,我们总对跌宕起伏、惊心动魄的桥段心驰神往,歌颂秦皇汉武、唐宗宋祖的丰功伟绩,仿佛千古一帝的梦想是百姓们的光荣。然而,皇帝和大将们越有名的时代,就一定是最美好的时代吗?

光武帝开创的东汉初年，缺乏爆炸性新闻，没有开天辟地的轰轰烈烈，只有慢条斯理的平稳发展，君臣相和谐，二十八将几乎都是善始善终，至今，光武帝在史册中都是低调的存在。

然而，这样的时代对于百姓而言，不是最好的时代吗？

建武二十七年（51年），大臣上书，请乘匈奴分裂、北匈奴衰弱之际发兵击灭之，立"万世刻石"之功。

光武帝下诏说，现在国家没有良好的政治，灾变不停，百姓震惊惶恐，人民尚不能自保，还想着远征塞外吗？

光武帝虽以武功得天下，却因在军营时间很长，厌倦打仗，并且深知国家疲敝虚耗，很想卸去重担以作休息。自陇、蜀平定后，不是形势紧迫的时候，很少再谈用兵的事。

甚至光武帝也不愿意跟皇子们谈关于军事的事情，皇太子曾经请教打仗的事，光武帝却说："从前卫灵公向孔子请教军事问题，孔子不回答。这不是你应该研究的。"

光武帝秉承这种"不折腾"的心态，精简政府机构，淘汰冗员冗官，集大权于尚书台，西汉的"三公"仍然保留，但仅是荣誉职位，没有实权，官场风气为之一新。

建武六年（30年），光武帝下诏恢复三十税一的赋制，仿效西汉初期，薄赋敛、省刑法，与民休息，百姓安居乐业，国家富庶强盛。

光武帝以儒生宗室出身，三年称帝，十数年间，扫尘去秽，再十数年，与民休息，调理天下。既能马上得天下，又能下马治天下，汉朝因之绵长，东汉因之鼎盛。

真千古一帝！

西汉儒家运动在王莽时期，达到最高峰，却未因王莽的失败戛然而止。其中的关键在于光武帝接替了王莽的统治权。

试想，如果没有光武帝这样"最有学问、最会打仗、最会用人的皇帝"（毛泽东语），中国历史会提前进入军阀混战的三国时期。

作为儒生，光武帝是比王莽更标准的儒家化皇帝，他爱好经学，还没来得及下车，就先去访求儒雅之士，采集残缺的典文，修补遗漏，收罗散佚的典籍。

东汉建国后,光武帝在洛阳修建太学,设立五经博士,各以家法传授诸经,恢复十四家博士,《易》有施、孟、梁丘、京氏,《尚书》有欧阳、大小夏侯,《诗经》有齐、鲁、韩,《礼记》有大小戴,《春秋》有严、颜。同时,光武帝封孔子后裔孔志为褒成侯,以示尊孔。

建武五年(29年)冬十月,光武帝前往鲁地,派大司空祭祀孔子。回到洛阳之后,他亲临刚开始兴办的太学巡视,按等级赏赐博士弟子们。

这些举动,都是光武帝在征战董宪等割据势力的空闲时所为。戎马之际,他向全国宣示儒家治国的思想,并不是一种锦上添花的嗜好,而是将儒学看成一件比军队更锐利的武器,依靠它来凝聚民心、安定天下。

建武三十二年(56年)正月,光武帝宣称,他夜读《河图会昌符》一书,书中有谶语:"赤刘之九,会命岱宗。不慎克用,何益于承!诚善用之,奸伪不萌。"他就让群臣去寻找河图洛书中关于封禅的谶语。

其实两年前,群臣们就建议他封禅。但封禅历来是大事,在中国历史上,众多的皇帝中只有六位去泰山封禅,不是不想,而是不敢。封禅一定是帝王要有丰功伟绩,才能做的事情。

光武帝酝酿多年,才终于在中元元年(56年)封禅泰山。

我们先看一下光武帝封禅的行程安排:

春正月,东海王刘彊、沛王刘辅、楚王刘英、济南王刘康、淮阳王刘延、赵王刘盱皆来洛阳朝见,其中除去刘盱是光武帝叔父赵孝王刘良之子,其余都是他的儿子藩王。

正月二十八日,光武帝从洛阳启程,向东巡狩,所谓巡狩是天子巡行视察诸侯为天子所守的疆土。

二月初十,光武帝幸鲁,行进到泰山。北海王刘兴、齐王刘石在东岳朝拜皇帝。

二十二日,开始封禅,封是"祭天",禅是"祭地"。

早晨,在泰山下的南方"柴祭",就是烧柴望祭岱宗,主要目的是祭泰山山神,众神也随同接受祭祀。岱宗即为泰山,山下遥祭,是要告诉泰山山神,我要上山祭拜,惊动你们了。随同一起参与祭祀的有诸王、诸王后裔的二公爵、孔子后裔褒成君。

这时有人要说:"泰山已经在柴祭时享受过食物,现在皇帝亲自登山向上天报告功业，应该依礼祭祀。"

然后派谒者用一特牲在泰山平时祭祀之处，祭祀泰山，与亲耕、貙刘①、先祠（祭祀先王）、先农（祭祀最先教民耕种的神农）、先虞等旧例相同。

吃过早饭，光武帝坐辇上山。

中午后，到达山上，更衣。

早晡（大约下午三四点左右）时分，开始泰山祭天仪式，即为"封"。

大家都在泰山祭坛前坐下，面向北方。群臣以此排列在后面，以西面为上，都到位后登上祭坛。

尚书令捧着玉牒检，光武帝用一寸二分玺亲自加封印缄，完毕后，太常命人共同开启坛上石块，尚书令将玉牒藏入石块之下后，又盖上石块，再用五寸印章印缄石函。光武帝再拜，群臣称万岁。然后命令众人竖立所写的石碑。在夜晚前，从原道下山。

封的仪式结束。

二十五日，在梁父山（位于山东省泰安市徂徕山南麓，新泰市天宝镇后寺村北）祭地，即为"禅"。以高皇后配享，山川群神随同祭祀，与平帝元始年间北郊祭旧例相同。

三月三十日，随同封禅的司空张纯在途中去世。

四月初五，光武帝回到洛阳。

四月十一日，大赦天下。改建武三十二年为建武中元元年。选择吉日将刻玉牒书函封藏于金匮，用玺印封缄。

四月二十一日，派遣太尉去祭祀，用特牲祭祀刘邦的高足庙。太尉捧着藏有玉牒的金金匮到高祖庙，藏于庙室西壁高祖庙主室的下面。

历时三个月的封禅，正式结束。

封禅是一项耗费巨大人力财力的工程，我们就举一例，泰山祭坛上石头的选择，就可看出工程的浩大。

准备封禅的时候，光武帝就让大臣研究武帝祭天时的旧例。相关部门经过研究后上奏，应当在祭坛上叠放两块方石，每块都是边长五尺，厚一

---

① 貙（音 chū）刘，古代天子于立秋日射牲以猎取祭宗庙的祭品。

尺，玉牒书就藏在这两块石头之下。

牒的厚度是五寸，长一尺三寸，宽五寸，有玉检。

用来开封闭石函的石检有十枚，列于石傍，东西各三，南北各二，都是长三尺，宽一尺，厚七寸。

检中镂刻三处，镂刻处深四寸，边长五寸，有盖。检用金缕绕五圈，用水银和金作涂料。

玉玺有两枚，一枚边长一寸二分，另一枚边长五寸。

大方石的四角还有基石，每个角斗叠垒两块基石。每块基石长一丈，厚一尺，宽二尺，都在圆坛之上。在它的下边下用基石十八块，每块都是高三尺，厚一尺，宽二尺，像小碑，环绕祭坛树立起来，距离祭坛三步远。基石下都有石足，在地下四尺。还有石碑，高九尺，宽三尺五寸，厚一尺二寸，树立在祭坛的丙地，距离坛三丈以上，上面刻书。

如此描述，大家就会觉得是个很复杂的工程，更关键的是从光武帝萌发封禅的念头，到上泰山顶，只有短短两个月的时间，想想从寻找到合适的石料，再到进行加工，都很有难度。

光武帝就下令给女婿、虎贲中郎将梁松，想利用旧的封禅石块，只是空出石函，重新加以封缄即可，没想到却被梁松上奏批评一顿说，本来封禅就是要向上天报告成功，永世流芳。现在用旧的石头，算什么事情啊！

于是，光武帝立刻督促泰山郡和鲁地的石工，选用完整的青石即可，不必用非常难找的五色石。

封禅的物品难找，技术水平要求也很大。当时，刻印工匠由于技术有限，不能刻玉牒，就想用丹漆书写。恰巧找到能刻玉的工匠，才刻上去。

如此做出的祭坛，想来也是一件美丽的艺术品，也只有盛世才可为。

封禅的同年，光武帝开始建造明堂、灵台、辟雍，以及北郊祭地的场所，宣布图谶于天下，正式把图谶作为最高纲领贯彻落实。

虽然，光武帝于第二年去世。但作为汉朝的中兴之主、东汉的实际开创者，光武帝制定的政策不容置疑。其后，图谶经明、章二帝的强化，终东汉一朝，始终与儒家思想结合在一起，不曾衰竭。

光武帝恢复儒家，并非全是其个人主张，还有着深刻的社会土壤。其时，汉治已久，儒家作为汉朝的官学，深入人心。

绿林军刚进入长安的时候，三辅德官员和绅士前来迎接，却发现义军将领们"皆冠帻，而服妇人衣，诸于绣镼①。"即将领们都是戴着平民百姓的头巾，穿着女人的服装，大掖上衣和有绣花的短袖衣。

现在看来，除去"服妇人衣"，没有什么特别感觉。但在当时的官吏和百姓眼里，这都是不符合礼仪的表现，没有不笑话他们的，甚至还有人认为这是不祥之兆而害怕跑开。

东汉初年与西汉初年的社会环境已完全不同，百姓受西汉文化熏陶已久，很难接受没有礼仪的义军。

所以，当老百姓看到刘秀的部属时都喜不自禁，还有人落下眼泪说："想不到今日复见汉官威仪！"

由于这样的社会土壤，刘秀在称帝时，必须顾及民众意向，恢复儒家治国，也是顺理成章之事。

同时，刘秀在鄗称帝之时，更始政权尚存。同样是宗亲之后，更始帝又占据长安之利。刘秀要脱颖而出，就需要利用一些神秘的因素。

第三回　图谶天下

恰在此时，刘秀在长安学习时的室友强华，从关中来献《赤伏符》，用到前文所述的三句谶言。群臣们自然趁机劝进，说符瑞之应明显，应该回报天神，满足大家的愿望。按照套路，刘秀自然要推辞一番，但终究是群臣盛情难却，只能勉强顺应天意，登基而已。

刘秀用《赤伏符》的谶言，表明他继承西汉的火德，是"平定天下，海内蒙恩。上当天地之心，下为元元所归"的真命天子。如此一来，刘秀称帝就是水到渠成之事。

大家可能会觉得，刘秀本就是汉家宗室之后，又有昆阳之战的赫赫威名，称帝之时也有百万大军，有必要搞这些谶言吗？

---

① 镼（音 jié），古同"褐"。

当时的社会环境告诉我们,绝对有必要!

东汉初年,儒家的天人感应、阴阳五行之说,已并非只是庙堂中董仲舒、刘向们的学术之言,它渗入到老百姓的心间。反而呈现出的现象是:未接受过正规教育的百姓,较于儒生们,更相信神秘力量,老百姓心目中的"真命天子"往往胜过百万雄兵。

比如,赤眉军的军队里经常有齐地巫人击鼓跳舞,目的是祭祀城阳景王刘章,以求得保佑。

刘章是刘邦的庶长子刘肥的次子,被封为朱虚侯。在诛灭吕氏的过程中,其亲斩丞相吕产、捕杀吕禄,有首义之功,被封城阳王,都莒①。城阳国属于齐地,齐人在200年后仍慕其英武,将其作为神来祭祀。

有一次,巫人在赤眉军中狂言称景王大怒说:"当为县官,何故为贼?"军中立刻有人讥笑巫人,觉得他们很奇怪。没想到讥笑者立刻就病倒了,这在赤眉军中引起震惊。此后,赤眉军都非常迷信神秘力量。

为此,赤眉军只能找来刘章的后代刘盆子,立其为帝,作为其首领。赤眉军的真正首领樊崇也因为自己只是一介武夫,不懂经书术数,就推举过去的县狱吏徐宣担任丞相,原因在于徐宣通晓《易》。

再一例,被光武帝剿灭的王郎,以前靠占卜看相为业,因为知晓天文历法,就常以为河北有天子之气,后来他诈称成帝之子,很多百姓都相信他。

再一例,卷县(今河南省新乡市原阳县)人维汜自称神仙,很快收弟子数百人,不久因罪被杀。后来,他的徒弟李广等人宣称维汜神化不死。建武十七年(41年),他们纠集徒党,攻陷皖城,杀死皖侯刘闵,自称"南岳大师",后被马援率军剿灭。

建武十九年(43年),维汜的弟子单臣、傅镇等,又开始聚众起事,攻入原武城,劫持官吏,自称将军。朝廷派太中大夫臧宫率领北军和黎阳营数千将士包围原武城。然而,由于城内粮草充足,汉军屡攻不下,伤亡惨重。

光武帝只能召集公卿诸侯王商议对策,大家都说,"应该改重金悬赏"。

---

① 莒(音 jǔ),今山东省日照市莒县。

然而，后为明帝、时为东海王的刘庄却说："妖巫互相劫持，势必不会长久。其中一定有后悔而想逃跑的。只不过由于我们围城太急，他们没有机会出逃罢了！包围应该放松一些，让他们得以逃出城去。逃走时，派个亭长就能将之擒获了。"

光武帝采纳刘庄"围城必阙"的建议，臧宫终于率军入城，杀灭单臣、傅镇。

拥兵百万的赤眉军首领居然会因为巫术和术数，拱手让出统治权。一个普通占卜士可以因为天文术数称帝。一群神徒可以在建国多年后起事，还颇有战力。这些事足见神秘力量在民众心目中的地位，也会给社会带来不安定因素。

光武帝怎能不用图谶，奠定自己的执政基础呢？

光武帝征召儒生博士，要求他们在掌握经典外，还要精通图谶。

光武帝曾经让博通经记的郎中尹敏校理图谶，删去崔发为王莽著录编排的图识目录，因为其中有不少支持王莽篡汉的图谶。

尹敏最初修习《欧阳尚书》，后来又学习《古文尚书》，还擅长《毛诗》《穀梁》《左氏春秋》，他对图谶很不以为然，回答说："谶书不是圣人所作，其中有很多接近浅俗的错字，很像世俗流行的语言，恐怕贻误后人。"

光武帝不听。

尹敏是个善动小心思的人，他看皇帝如此看重图谶，就在图谶中的缺文加上"君无口，为汉辅"。言下之意是，图谶说了，我姓尹的，应该当汉朝的宰辅。

光武帝看到后很奇怪，心想，你怎么知道缺文就是这六个字？于是召见尹敏询问原因。尹敏倒也并不欺君，实话实说，这段话是我自己加上的，我看见前人随便增减图书谶纬，就不自量力，也跟着学，私心是侥幸能当上宰辅。

光武帝估计又好笑，又好气。既没有治尹敏的罪，也没有重用他。

尹敏反对图谶，很有些代表意义。我们千万不要以为，尹敏是觉得图谶迷信，所以不予采用。他只是觉得图谶是后人编的，并非是圣人之言，才看不起。

相反，尹敏是位非常相信天人感应之说的学者。建武二年（26年），尹敏向光武帝上书陈述《洪范》书中的消灾之术。只是当时皇帝正忙于草创天下，没工夫搭理他，就让他待诏公车，后来拜为郎中。

图谶并非是光武帝的发明，是王莽篡位时就使用过的武器。可是为何现在已看不到王莽使用图谶的痕迹呢？想来是光武帝通过"校图谶"的方式，已去除有关王莽的内容。

图谶是西汉儒家天人感应之说的延续和升级，进一步趋向神秘。董仲舒等主张的天人感应，还是从儒家经典中寻找理论依据。图谶却是完全靠后人编排，自然会受到很大的质疑。

图谶产生具体时间不详，传说是在大禹治水时形成，并不确凿。可能是在春秋战国时产生。到西汉，特别是王莽篡位前后，蔚然成风。东汉一朝，由于大兴图谶，经学不显，儒家思想大都是从图谶和反图谶的角度展开。

东汉儒生对图谶趋之若鹜，因此也缺少大儒。《后汉书》中所记载"善图谶"者，比比皆是。苏竟、杨厚、郎𫖮[①]等儒生皆为图谶高手。却也有桓谭、郑兴、张衡等儒生反对图谶，越到东汉后期，反对阵营的声音越强烈。

图谶究竟是什么呢？

所谓"谶"，是用诡秘的隐语、预言作为上天的启示，向人们昭示未来的吉凶福祸、治乱兴衰，有谶言、图谶等形式，"亡秦者胡也"即为秦代的一句谶言。

图谶，顾名思义是利用图像对未来进行预言。由于古代缺乏科学预测手段，往往会使用一些不确定性和多种结果的事物，与事情未来发生的结果进行连接，将不确定性下的一种可能性定义为未来发生的结果，以指导人们应对未来的不确定性。本质上说，这属于一种决策辅助方式。

现在，我们偶尔也会使用抛掷硬币的方法来帮助自己决策。抛掷硬币具有两种可能性：正面、反面。我们可以把某件只有两种结果可能性的事件与之连接。比如，明天公布的考试成绩是及格，还是不及格。抛掷硬币后得到正面，预示着明天及格，反面则不及格。

如果某件事情有多种可能性，抛掷一枚硬币就不合适，我们就要选择更多种结果的事物，与之匹配。如果我们要预测明天公布的考试成绩有四

---

① 𫖮（音 yǐ），安静（多用于人名）。

个等级:优、良、及格、不及格。我们要找到有且只有四种可能性的事物与之连接,而这似乎很难直接找到。

如果继续采用抛掷硬币呢?我们就必须使用两枚硬币,且定义硬币A和硬币B。如此我们可以定义:A正B正(代表"优")、A正B反(代表"良")、A反B正(代表"及格")、A反B反(代表"不及格")。

如果我们要预测明天公布的具体考试成绩是0—100分中的几分,那么就有100种可能性,如果用100枚硬币来预测分数,比如全部正面代表100分,1个反面99个正面代表99分,依此类推,全部反面代表0分。我们仍然可以用抛掷硬币方式来决定。

假设还存在一位小数,虽然也能用抛掷硬币方式来预测,但无疑这种预测统计量是巨大的。

当然,读者一定会意识到,成绩的好坏和硬币的正反面其实根本没有任何关系。在抛掷硬币的预测中,我们是将两种完全无关的因素结合在一起,这种预测是很不靠谱的。

然而,根据事物的过去和现在估计未来,根据已知预测未知,从而减少对未来事物认识的不确定性,以指导我们的决策行动,减少决策的盲目性,这本身是有科学依据的。

现在,预测方法也被广大行业所接受。比如临近春节,我们可以通过历史数据比对、车辆保有量、天气情况等相关因素,预测道路拥堵情况。

警务人员可以利用历史犯罪事件、档案资料、地图和类型学以及诱发因素(如天气)和触发事件(如假期或发薪日)等数据,预测事件发生的可能性、有效部署资源并快速处理案件。

第四回　河图洛书

古代中国,预测并不科学。人们在预测未来的过程中,使用的相关因素也比较单一,或者是谶言,或者是图谶。随着预测方法的不断嬗变,图谶发展到东汉,其他图已经不怎么被使用,图专门指"河图洛书"。由于图谶比谶言更复杂,能推导出更多的可能性,所以受到预言家们的喜爱。

《尚书》《论语》《易传》等经典文献中都有关于河图洛书的记载。《尚书·顾命》中记载:"大玉、夷玉、天球、河图在东序。"《论语·子罕》中记载:"子曰:'凤鸟不至,河不出图,吾已矣夫!'"《易传·系辞上传》中记载:"河出图,洛出书,圣人则之。"

但这些经典中所说的河图洛书是否和我们现在理解的一样,已经不得而知。

现在的河图洛书,根据孔安国的说法,河图是伏羲通过黄河中浮出龙马身上的图案,配合自己的观察,画出"八卦",因为龙马是从河中浮出,称之为河图。据说出河的龙马如左图:

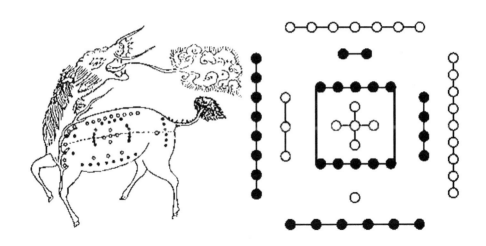

我们将龙马身上的图案放大,如右图,此即为河图。

这张河图有诸多玄妙,由于篇幅所限,本书不能逐一道尽其精妙,只举几例,供读者赏玩:

其一,河图的布局是上南、下北、左东、右西,和现在的地图方位不同,按古人坐北朝南的方位为正位。由此形成的方位是:前朱雀(南),后玄武(北),左青龙(东),右白虎(西)。

古人将朱雀、玄武、青龙、白虎称为天之四灵,后又加黄龙,合称为天官五兽。又将五兽对应五行:朱雀——火、玄武——水、青龙——木、白虎——金、黄龙——土。

后来，儒生也常把儒家一些带"五"的内容，比如五常（仁义礼智信）、五事（貌言视听思），甚至人体的五脏（心肝脾肺肾）等，都和五行对应，当然，这些对应难免穿凿附会。

五行	方位	神兽	五常	五事	五色	五脏	五窍	五藏	五声	五音
木	东	青龙	仁	貌	青	肝	目	魂	呼	角
火	南	朱雀	礼	视	红	心	舌	神	笑	徵
土	中	黄龙	信	思	黄	脾	口	意	歌	宫
金	西	白虎	义	言	白	肺	鼻	魄	哭	商
水	北	玄武	智	听	黑	肾	耳	志	呻	羽

如果我们知道河图，一听到"玄武门事变"，就立刻会想到"玄武门"是北门。

下文述及的"白虎观会议"，《水浒传》中林冲误入的"白虎节堂"，都是表示西方位的白虎，不是动物的白色老虎。

其二，河图中，单数为白点，代表阳，为天。双数为黑点，代表阴，为地。河图用十个黑白圆点表示阴阳、五行、四象。

有个口诀是：

一六共宗，为水居北；

二七同道，为火居南；

三八为朋，为木居东；

四九为友，为金居西；

五十同途，为土居中。

我们先看，河图下方（即北方），一个白点在内，六个黑点在外。这种图像被称为"一六共宗，为水居北"。一个白点即为天一，六个黑点即为地六。北方在五行中属于"水"位，故有"天一生水、地六成之"，成语"天一生水"即来自此处。宁波著名的私家藏书楼"天一阁"，取名即从此而来。

转到河图上方（即南方），两个黑点在内，七个白点在外。两个黑点，即为地二。七个白点，即为天七。南方在五行中属于"火"位，故有"地二生火，天七成之"。

转到河图左方（即东方），三个白点在内，八个黑点在外。三个白点，即为天三。八个黑点，即为地八。东方在五行中属于"木"位，故有"天三生木，地八成之"。

转到河图右方（即西方），四个黑点在内，九个白点在外。四个黑点，即为地四。九个白点，即为天九。西方在五行中属于"金"位，故有"地四生金，天九成之"。

转到河图中间（即中央），五个白点在内，十个黑点在外。五个白点，即为天五。十个黑点，即为地十。中央在五行中属于"土"位，故有"天五生土，地十成之"。

我们将五个方位串联起来看，就会发现有趣的现象：一为水之生数，二为火之生数，三为木之生数，四为金之生数，五为土之生数。又连接到六，回到水：六为水之成数，七为火之成数，八为木之成数，九为金之成数，十为土之成数。同时，这种旋转是顺时针的。所以一般会认为，顺天而行是左旋，逆天而行为右旋。

其三，河图中的数字经常会出现非常有意思的现象。比如，我们如果将前面所说的五行数字都相加，会得到：(北方，水) 1+6=7；(南方，火) 2+7=9；(东方，木) 3+8=11；(西方，金) 4+9=13；(中央，土) 5+10=15。

每个方位的和比前一个方位多2，这正是它的按顺序排列所致。

河图中有10个数，其中1、3、5、7、9，为阳，2、4、6、8、10，为阴。阳数相加之和为1+3+5+7+9=25，阴数相加之和为2+4+6+8+10=30，阳数和阴数相加得55。所以古人说："天地之数五十有五。"

河图和《易》中有的地方有交汇之处，但本身并不是同一样事物。比如"天地之数五十有五"在《周易·系辞上传》中是这么表达的："天一地二，天三地四，天五地六，天七地八，天九地十。天数五，地数五，五位相得而各有合。天数二十有五，地数三十，凡天地之数，五十有五，此所以成变化而行鬼神也。"

河图有很多变化和延伸，感兴趣的读者们可以再深入研究。

孔安国说，洛书是大禹治水时，有神龟出于洛水，其甲壳上有图像，其数至九，背上图像被称为洛书。据说出水的神龟如图（见下一页图左）：

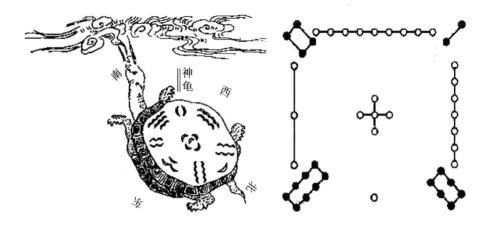

我们将神龟身上的图案放大,如上图右,此即为洛书。

洛书的布局被称为"戴九履一,左三右七,二四为肩,六八为足,以五居中,五方白圈皆阳数,四隅黑点为阴数"。

洛书和河图一样,单数为白点,代表阳,双数为黑点,代表阴。我们如果将洛书数字化,就能得到类似于九宫格的图案。

4	9	2
3	5	7
8	1	6

读者会发现,洛书中的数字横、竖、对角相加之和,都等于15。

洛书的数字有无穷变化,比如,把洛书的数递变成两位数相加时,左右两列数字之和依然相等。我们以左列的4、3、8与中间的9、5、1为例,当我们把数递变为两位数相加时,即43+38+84=95+51+19,以及83+34+48=15+59+91。递变为三位数、四位数、五位数、六位数、一百位数、一千位数依然成立。

河图洛书中还有很多数的奥秘,变化无穷,有待读者朋友去探秘。

后人又将河图洛书作了一定的转化,和八卦结合起来,更显出河图洛书的奥妙无穷。

河图、洛书,都是从水中出来的神物,显现着中华文明,这一点值得深思。黄河流域，以及洛水与黄河交汇的河洛地区，给予中华文明以生命。黄河，这条世界第五大长河、中国第二长河，被称为中华民族的"母亲河"。

河图、洛书的诞生标志着中华文明从关中文明转移到河洛文明，即文明的重心从周原——长安一线，转移到洛阳一代。

一方水土养一方人，人类生存的地理环境无疑对文化产生至关重要的影响。

周原是周文化的诞生地，它所处的岐山之南、渭水之北的地理格局，形成我们对阳地的理解，即"山南水北谓之阳，山北水南谓之阴"。

周原北方的岐山山脉以箭括岭为代表，东、西双峰对峙，中为缺口，形如箭括，为周朝先民提供抵御北方戎族的屏障，但又并不封闭，可以对外交流，这可能是阴爻"$--$"的地理原形。

周原南方的渭水发源于甘肃省定西市渭源县鸟鼠山，所谓"鸟鼠同穴之山，其上多白虎、白玉。渭水出焉，而东流注于河"(《山海经·西山经》)。渭水主要流经今甘肃天水、陕西省关中平原的宝鸡、咸阳、西安、渭南等地，至潼关县汇入黄河。

渭河入黄河口，恰好是在黄河东转的拐角处，是陕、豫、晋三省交界处。

陕西省渭南市潼关县因千古雄关——潼关得名，始建于东汉，"河在关内南流，潼激关山，因谓之潼关。"(《水经注》)县因此而得名。

潼关一失，则长安再无险可守。只要扼守潼关，陕西无忧。1937年至1945年，我国军民在潼关誓死抵御日寇，八年里遭受无数次空袭轰炸，雄关依旧屹立不倒，终究未让日寇在陕西肆虐。

河南省灵宝市境内亦有千古雄关——函谷关，是中国历史上建置最早的雄关要塞之一，建于春秋战国之际。西据高原，东临绝涧，南接秦岭，北塞黄河，是西去长安、东达洛阳的咽喉要塞。传说老子在此处出关西行，不知所踪，伴随着"紫气东来"的神奇，也有"鸡鸣狗盗""刘邦守关拒项羽"等故事。

山西省运城市芮城县有风陵渡。在《神雕侠侣》里，郭襄与杨过在此邂逅，"风陵渡口初相遇，一见杨过误终身"。

渭河静静地流过周原，为周朝的先祖提供休养生息的水源，这可能是阳爻"$—$"的地理原形。

周公旦演绎周原文化,确立西周的礼仪制度。其后,周公旦被封于东部的鲁国,儒家体系便传承自周原文化。

周原文化宛如DNA一般,被植入到每一位中国人的血液里。即使我们不曾到过位于陕西西部的这块平原,我们的思维理念、行为处事也都会受此影响。

比如,我们会建立起屏障,抵御外敌入侵,却又会不完全封闭,留有和外界沟通的渠道。寻找屏障,并不意味着我们懦弱,只是为了找到更好的和谐生存之所。

西汉初建,由于刘邦的大臣们大都是崤山以东之人,希望定都于洛阳。他们认为,洛阳东面有成皋,西面有崤山、渑池,背靠黄河,面向伊水、洛水,地形险要,城郭也很坚固,足可以依靠。

此时,一位叫娄敬的齐地平民,路过洛阳,去陇西戍边。他到达洛阳,就托老乡虞将军想要求见此时恰在洛阳城的刘邦。

刘邦问他求见要说什么事,娄敬主要想谈的就是定都之事。他虽然也是崤山以东之人,却强烈反对定都洛阳。

娄敬直接问刘邦:"陛下建都洛阳,难道是想效仿周朝吗?"

刘邦说是。

娄敬就从周朝的先祖后稷谈起,讲到武王伐纣、成王嗣位、周公辅佐、定都洛阳,直到最后灭亡,他的意思是,洛阳居于全国中心,和平之时便于四方来朝,战乱之间也利于四方进攻。

周朝起家靠的是十多代的德政,而且"积德累善十有余世",刘邦起家靠的却是"大战七十,小战四十",连年征战,生灵涂炭,满目疮痍。在这种情况下定都洛阳,如同将自己置身于怨恨之中,无异于自取灭亡,不如定都关中来得安全。

张良听完娄敬的建议表示赞同,他劝说刘邦道:"洛阳虽然很险固,但它中间的地域过于狭小,不过方圆数百里,土地贫瘠,四面受敌,不是用武之地。关中东面有崤山、函谷关,西面有陇山、岷山,肥沃的土地方圆千里,南面有富饶的巴、蜀两郡,北面有利于放牧的胡苑,依靠三面的险阻来固守,只用东方一面控制诸侯。如果诸侯安定,可由黄河、渭河运输天下粮食,往西供给京都;如果诸侯发生变故,可顺流而下,足以运送物资。

这正是所谓'金城千里,天府之国'。"

最后,刘邦听从了娄敬和张良的建议,定都于长安。

娄敬和张良的主张,都是从利于固守的角度考虑,也让周原文化得到延续。西汉一朝,关中平原儒生云集,均是延续周原文化。

东汉,光武帝定都洛阳,放弃西汉保守的防守做法。究其原因主要有三:

其一,由于战乱,长安先后数次被攻破,人口锐减,昔日的恢宏与繁盛荡然无存,已丧失继续作为都城的条件。

其二,光武帝起家于南阳,宛洛一带是他主要的势力范围。

最后,此时的汉朝也"积德累善十有余世",完全有条件坐镇中心。

洛阳,顾名思义是洛水之北的意思。东汉定都洛阳,也标志着文明的重心从周原,转移到河洛,河图洛书即是河洛文化的象征。

2014年11月11日,河南省洛阳市申报的"河图洛书传说"经国务院批准被列入"第四批国家级非物质文化遗产名录"。

第十四篇

明章之治

第一回　光武家风

东汉强盛，和光武帝的儿子明帝刘庄、章帝刘炟①有直接的关系。他们祖孙三人，前仆后继，才开创出"天下安平，人无徭役，岁比登稔，百姓殷富"的太平盛世。明帝和章帝的统治时期，史称"明章之治"。

儒家在光武帝时，尚显粗略，没有过多作为。明帝继承光武帝之未竟事业，全面恢复儒家礼法制度，儒治天下。章帝继续儒家治国，通过白虎观会议，使得儒家经典与帝国的政治生活紧密结合，将儒家思想与治国理念融为一体。

明帝是光武帝的第四子，章帝是明帝的第五子，两人颇有相似之处：都非嫡长子继位，都在壮年早逝（明帝死于48岁，章帝死于31岁），又都尊崇儒学。

明帝母亲是历史上以美貌著称的皇后阴丽华，据说刘秀年轻时听闻阴

---

① 刘炟（音 dá），东汉章帝，东汉第三位皇帝。

丽华的美丽，就成为她的粉丝；后来到长安后，看到京城卫队"执金吾"的车骑很壮观，就感叹说："仕宦当作执金吾，娶妻当得阴丽华。"

更始元年（23年）六月，刘秀的人生目标实现了：取得昆阳之战大胜、迎娶阴丽华为妻。

其后，刘秀要追求更大的人生目标，就把阴丽华留在娘家南阳郡新野县（今河南省南阳市新野县），自己外出闯荡天下。

更始二年（24年）春，刘秀征战河北，攻打王郎。河北有一处重镇名曰真定（今河北省石家庄市正定县），由刘氏宗族、真定王刘扬镇守，并归附王郎。

为平定河北，刘秀派人游说刘扬。经过一番思想动员，刘扬归顺刘秀。为加强双方的合作，刘秀决定采用联姻手段，迎娶刘扬的外甥女郭圣通。

一听郭圣通的名字，就不如阴丽华的秀美。郭家也确实如圣通之名，为人霸气，其豪。郭父曾将田宅财产数百万赠予其同父异母的弟弟，大家都称赞他的德行。后来郭父迎娶刘扬的妹妹，生下郭圣通。

光武帝在河北称帝后，问题就来了：阴丽华和郭圣通谁当皇后。按顺序先后，应是阴丽华。但郭圣通是政治婚姻，如果处理不好，逼反真定王，既会削弱实力，也会让大乱的天下更乱。

郭圣通也很配合，建武元年（25年），她为光武帝生下皇子刘彊。

原先，光武帝将阴丽华接到洛阳后，想封她为皇后，却遭到阴丽华的坚决推辞。阴丽华一直没有生育，直到建武四年（28年）五月，阴丽华在随光武帝出征讨伐彭宠时，才于元氏县（今河北省石家庄市元氏县）生下明帝。

古代行军条件是非常恶劣的，既要舟车劳顿，又缺医少药，还要提防敌人的攻击，肯定不如舒舒服服待在皇宫生孩子来得安全。

既然如此，光武帝为何还是要让阴丽华随军呢？

根据记录，光武帝于建武四年（28年）二月壬申，回到洛阳。四月丁巳，到达邺城（今河北省邯郸市临漳县和河南省安阳市一带）。也就是说，光武帝从洛阳出发，应该在三月左右。到明帝出生，最多只有两三个月的时间。明帝并非早产，所以出发之时，阴丽华的怀孕迹象已较为明显。

也就是说，光武帝是明知道阴丽华怀孕，而且是知道她快要生产，才让她随军的。

考虑到阴丽华被接到洛阳后的第四年才怀孕。临近生产之时,光武帝又让她随军。是否有极大的可能:留在首都,比待在军营,更危险!

危险是否来源于宫闱之中呢?

建武二年(26年)春,真定王刘扬制造谶语"赤九之后,瘿①扬为主。"刘扬颈上长瘤,所以想用谶语惑众造反,却被名将耿纯设计擒杀。

考虑到郭皇后的存在本就是源于光武帝和真定王的联姻。真定王一死,郭皇后的政治作用自然不复存在。

即使如此,真定王被诛后不久,建武二年(26年)六月,光武帝仍然正式册封郭圣通为皇后,刘彊则被立为皇太子。

建武九年(33年),阴丽华身边又发生离奇之事:其母邓氏和弟弟阴欣被强盗劫杀。没有证据表明,这是阴谋事件。但贵人的母弟被劫杀,始终是令人骇怖之事。事后,光武帝下诏抚慰,诏书中有这样一段话:"吾微贱之时,娶于阴氏,因将兵征伐,遂各别离。幸得安全,俱脱虎口。以贵人有母仪之美,宜立为后,而固辞弗敢当,列于媵妾②。"(《后汉书》)即我在微贱之时,迎娶阴丽华为妻,因为统兵征伐,于是各自别离,所幸得到保全,都脱离虎口。阴贵人有母仪之美,应该册封为皇后,而她坚决推辞不敢当,跻身于嫔妃之列。

光武帝的这封诏书是极不妥当的,这将郭皇后置于何处呢?

诏书中还追封阴丽华的父亲阴陆、弟弟阴欣为侯,让其弟阴就继任侯爵,派遣太中大夫拜授印绶,如同在国列侯的礼仪,恩宠有加。

建武十七年(42年),郭皇后终于被废,阴丽华被立为皇后。诏书是这样说的:皇后心怀怨恨,数违教令,不能安抚其他皇子,经常在不同地方训诲皇长。宫闱之内,谁看见她都像看见鹰鹯③一样。无《关雎》之德,而有高祖吕后、宣帝霍后之风,岂可托以幼孤,恭承明祀。今遣大司徒戴涉、宗正吉持节,命她上交皇后玺绶。而阴贵人乡里良家,在我微贱时就嫁给

---

① 瘿(音 yǐng),是指长在脖子上的一种瘤,可能是甲状腺肿大。
② 媵(音 yìng)妾,指陪嫁的女子。
③ 鹯(音 zhān),古书上指一种猛禽。

我。如《诗经》咏唱"自我不见,于今三年。"宜奉宗庙,为天下母。主管官员要详细考察旧典,择时上尊号。这种异常之事,非国休福,不得上寿称庆。

诏书将郭皇后比喻成鹰鹯,又说她像吕后、霍后般凶狠,那应该有相应的事迹发生。历史上没有记录,只是说"后以宠稍衰,数怀怨怼"。

由此推断,阴贵妃要在军中产子,此事难免和郭皇后的嫉妒有关联。

郭圣通被废后,皇太子刘彊内心不安,多次通过大臣和藩王们向光武帝表达辞去皇太子的愿望。光武帝不忍心,迟迟没有回答,最后才在建武十九年(44年)决定,让皇太子和东海王两人互换:迁刘彊为东海王,改立东海王刘庄为皇太子。建武二十八年(52年),刘彊到封国就任。

从阴、郭更替的这一史实,我们可以看到光武帝的执政性格。他做事情很慢,一如他用时12年才完成一统江山。他安定内宫,用的时间更长。正是这种慢条斯理,才让混乱中的国家逐渐走上强盛之路。

郭圣通被废后,光武帝也并未将其打入冷宫。而是将郭圣通所生的皇子刘辅由右翊①公晋升为中山王,并将常山郡并入中山国,扩大国土面积。同时,封郭圣通为中山王太后。后来,刘辅徙封沛王,郭圣通为沛王太后。

光武帝对郭圣通的弟弟郭况一直青睐有加,很早就封其为侯。在郭圣通被废后,还晋升其为大鸿胪。光武帝多次到郭况府上,邀请公卿诸侯、皇亲国戚们一起喝酒聚餐,赏赐给郭况很多金钱缣帛,洛阳人都称郭况家为"金穴"。

建武二十六年(50年),郭圣通的母亲郭主去世。光武帝亲临致哀送葬,百官大会。还派遣使者迎取郭圣通父亲郭昌的灵柩,与郭主合葬。追赠郭昌阳安侯印绶,谥号"思侯"。

建武二十八年(52年),郭圣通在一派祥和的政治气氛中寂寞地死去。

父亲的宽厚性格也会影响儿子,刘彊到封国后,光武帝怜悯其无过而废,离开首都回到封国之时,也很有礼数。就让东海国兼食鲁郡,共29个县。赐虎贲旄头,宫殿设"钟虡之县",所乘车马也和皇帝相仿。结果,刘彊到封国后,多次上书要退还东海国,还托皇太子请辞。光武帝没有允许,

---

① 翊(音yì),辅佐,帮助。

但内心却很嘉许，他还把刘彊的奏章展示给公卿们看。

此时，光武帝的内心是满足的，因为自己的宽厚，也因为儿子们的礼让，一场权力更替终于平定。刘彊成为历史上为数不多、能够善始善终的被废储君。

与明帝相同，章帝也并非明帝的嫡长子，其母是贾贵人。明帝的马皇后是伏波将军马援的小女儿，可惜马皇后没有生育能力，膝下无子。贾贵人是马皇后同父异母姐姐的女儿，生下刘炟后，明帝即让马皇后抚养，对她说："人不必自己生孩子，只怕抚养他人孩子而不用心。"

马皇后果然尽心抚养刘炟，操心劳力，待他比待自己亲生孩子还好。刘炟天性淳厚善良，两人母慈子爱，始终没有一点矛盾隔阂。

马皇后本人身材很高大，身长七尺二寸（170厘米），只比光武帝矮一寸。她虽生于武将之家，却对儒家经典有深入研究，能诵《易》，好读《春秋》《楚辞》，尤善《周官》《董仲舒书》。

13岁入宫后，她深得阴丽华喜爱。也许是因为与阴丽华性格相投，阴丽华选中她做明帝的皇后。

马皇后的性格简朴，常穿粗布制成的衣服，衣裙都不加边。刘炟即位后，多次想给马氏外戚封爵，均被马皇后制止，她还下诏说，讨论这些事情的人都是想要献媚讨好我，为自己谋得好处，但我坚决不允许给外戚封爵。

马皇后的家人都秉持马援的"丈夫为志，穷当益坚，老当益壮""马革裹尸"的气概，皆是忠君报国之人。建初四年（79年），皇帝封马廖、马防、马光为列侯，三人推辞不受，只愿意任关内侯。马皇后又是训诫一番，三人接受封爵后，又辞退回家。

写到此处，我不由被东汉前三帝的家风所打动。生于帝王家，难免有政治风波，但光武帝却能委婉处置，不用强暴，不求速成，进退有礼，循序渐进。三帝的皇后们也都是有气质、人品好、性格简朴之人，他们的孩子也大都能互相友爱，不兴杀戮。

在一个家庭中，父亲会决定家庭的气质，母亲则给这个家庭带来灵魂，父亲的格局大加上母亲的贤惠，才是真正的家庭财富，真正是家和万事兴啊！

第二回　明帝崇儒

中元二年（57年），光武帝病逝，明帝继位。其勤于政事，兢兢业业，遵奉光武帝的制度，不敢违背。

在治国理念上，明帝强调儒家治国，但又注重刑理，法令分明，颇有外儒内法的意味。

永平二年（59年）春正月辛未日，明帝宗祀光武帝于明堂，这是一次非常标准的东汉礼仪制度展示：

皇帝和公卿列侯行礼时，头戴冠冕、身穿礼服、佩戴玉佩、脚穿絇①饰的鞋，来行祭事。

宗祀的地点是在明堂，以配五帝。历史上，五帝有不同说法，根据《周礼·天官冢宰·大宰》中说"祀五帝"，却没有明确是哪五位。而《史记·五帝本纪》记载的五帝，分别是：黄帝、颛顼、帝喾、尧、舜。

祭祀的时候，礼备法器，奏乐要协和八音之律，所谓"八音"，出自《周礼》，是指八种制作乐器的材料，分别是：金、石、土、革、丝、木、匏、竹。根据《汉书·律历志》记载，材料相对应的乐器是："土曰埙，匏曰笙，皮曰鼓，竹曰管，丝曰弦，石曰磬，金曰钟，木曰柷。"

古代祭祀要唱歌跳舞，他们"咏祉福，舞功德"，歌咏降福瑞，起舞颂功德。在仪式上，还需要颁布四时月令，以告各方诸侯长官。

祭祀仪式后，登上灵台，眺望元气以辩阴阳，吹奏音乐以合时律，观察云色以识灾变。

明帝则在群臣百僚、宗室子孙、外国使臣的陪同下，亲执珪璧，恭祀天地，追想光武帝中兴汉室、平定天下的功绩。

最后，明帝宣布大赦天下：罪犯从斩首罪以下，包括谋反大逆，全部赦免其罪。

---

① 絇（音 qú），古时鞋上的装饰物。

这是何等的气魄!

礼仪制度彰显出堂堂皇皇的汉家威仪。

永平二年(59年)三月,明帝亲临辟雍,初行大射礼。东汉辟雍,始建于中元元年(56年),光武帝未及亲临,就驾崩而去。明帝完成光武帝未竟事业,终于亲临辟雍。

同时,这也是"大射礼"重现史籍。

"射"顾名思义,就是射箭。从古代开始,中华民族就很重视射箭,这不仅仅是武士必须要掌握的技术,也是儒生"孔门六艺"(礼、乐、射、御、书、数)之一。

逐渐地,"射"已经脱离它实际的武力功能,而和中国人的人格道德培养紧密结合起来,是一种"立德正己"之礼。所谓"君子无所争。必也射乎"!

永平二年(59年)冬十月壬子,明帝再幸辟雍,初行养老礼。

尊敬老人是中华民族的传统美德,养老礼是古代君王择取年老而贤能的人,供给酒食,并加以礼敬的仪式。

明帝恢复养老礼,"尊事三老,兄事五更"。明帝用蒲叶裹轮的减震车辆,将三老五更接来,亲自持车绥,将车送给他们。王侯设醯浆,公卿设馔珍,明帝亲自袒臂,执酒杯欢饮。为怕老人哽噎,前后捶背。宴会之时,登堂歌咏《鹿鸣》,堂下吹奏《新宫》,八佾具秀,万舞于庭。

其时,明帝感念桓荣教授他《尚书》,赐其关内侯爵位,封食邑五千户。三老、五更都以二千石俸禄养老终身。赐全天下三老,每人酒一石,肉四十斤。同时,明帝要求官员们要主动关怀耄耋老人,怜恤幼小的孤儿,加惠于鳏夫寡妇。

永平八年(65年),冬十月壬子,明帝再次亲临辟雍,行养老礼。

明帝继承父亲尊崇儒家的同时,也继承了对图谶的重视。永平八年(65年)冬十月壬寅,发生日全食,明帝下诏说,这次发生日全食啦,是大灾,是《春秋》图谶书上所说的最严厉的谴责,希望官员们积极言事,知无不言。

永平九年(66年),明帝为外戚四姓小侯开设学校,设置《五经》师。

永平十年(67年),明帝向南巡狩,到达南阳后,祭祀章陵。

南阳郡是汉朝具有特殊意义的重要城市,王莽受封于此,更始帝登基于此,光武帝起兵于此,云台二十八将中更有十一人出于此。所以南阳在东汉被称为"南都"。

章陵是南阳郡下的县,原为舂陵乡,"舂陵军"即由此得名。建武六年(30年),光武帝改舂陵乡为章陵县,比照刘邦家乡丰邑和沛县的旧制,世世代代免除章陵的徭役。

明帝在父亲的"龙兴之地",依旧实施儒家教化。他在祭祀行礼完毕后,召校官子弟演出雅乐,弹奏《诗经》中的《鹿鸣》,"呦呦鹿鸣,食野之苹。我有嘉宾,鼓瑟吹笙……"

子弟们演奏得兴起,明帝也亲自演奏埙篪①,以和诗乐,以娱嘉宾。真是其乐融融,欢快无比,"……我有嘉宾,鼓瑟鼓琴。鼓瑟鼓琴,和乐且湛。我有旨酒,以燕乐嘉宾之心。"

永平十三年(70年)春二月,明帝亲自耕于藉田。行礼完毕后,赏赐观者以食物。

所谓"藉田",是天子每逢春耕,躬耕于此,以示对农业的重视。耕种之时,天子要行藉礼。天子亲自把耒耜②搬到自己的车上,放在穿甲衣的卫士和驾车人之间。耒耜是用于耕地翻土的农具,耒是耒耜的柄,耜是耒耜下端的起土部分。

然后,天子率领三公、九卿、诸侯、大夫亲自耕种藉田。其做法是把耒耜推入土里,天子推三下,公推五下,卿和诸侯推九下。礼毕返回,天子在路寝(天子处理政事的宫室)举杯宴饮,三公、九卿、诸侯、大夫全部参加陪侍,这次宴饮称为"劳酒"。

中国是农业大国,一直对农业生产非常重视。北京的先农坛,即是藉田之所,还流传出"一亩三分地"的俗语。

永平十五年(72年),明帝亲临孔子宅,祭祀孔子及七十二弟子。他还亲自登上讲堂,命皇太子、诸王说经,皇太子即是未来的章帝。汉朝皇室已经彻底儒生化,他们不仅仅要支持儒家,在执政理念上要体现儒家思想,自己也要成为儒生,能够讲解经文。

我将明帝尊崇儒家的所作所为,都对照儒家经典,逐一列出。略显枯

---

① 篪(音 chí),古代的竹管乐器,像笛子,有小孔。
② 耒耜(音 lěi sì),古代的一种耕地用的农具,即原始的犁。

燥乏味,但求说明:错的并非儒家理念,而是实际运行之法。光武帝草创天下,且其行政缓慢,不急不躁,尚未依循经典。明帝崇儒,皆以古法,然后澄清宇内。王莽崇儒,也依古法,却倒行逆施,污染江湖。非儒之不同,人不同也。

明帝治理国家,主要靠自己总揽大权,权不借下,对外戚、宗室和大臣管理极严,一旦犯法,不论职位高低,一律治罪。

有时候,明帝对待臣下到严苛的地步,这在两汉的皇帝之中也极为少见。他喜欢探听大臣隐私,又常因此亲自责打大臣,有严重的暴力倾向。

曾有一次,一位叫药松的郎官不知何事触怒皇帝,明帝拿根杖就撞击他。估计把药松撞得够呛,他赶紧爬到床下躲着,明帝却更加生气,大喊:"你给我出来!你给我出来!"

药松在床下大喊:"天子穆穆,诸侯煌煌。从来没听说过皇帝亲自撞大臣的!"

一听此言,明帝才作罢。

以此一例,明帝性格可见一斑。所以明帝的大臣们无不悚栗,不敢轻易犯事。如此一来,明帝的政治主张自然能贯彻落实。

其执政期间,提倡节俭,不尚奢靡。多次下诏减免赋税徭役,大力兴修水利,治理黄河。同时,其积极经营边疆,与北匈奴争夺西域。派遣窦固、耿秉等人经营西北,班超通西域,西域在与汉朝隔绝六十五年后,终得复通。

第三回　章帝的白虎观

永平十八年(75年),明帝病逝,章帝继位。

章帝一改明帝暴躁的脾气,以宽厚闻名。其素知大家讨厌明帝苛刻,执政更加宽厚。

作为东汉第三任皇帝,章帝循规蹈矩,继续重用儒臣,提倡儒家治国。他既不像祖父那样奠定国策,也不像父亲一般恢复礼仪,他只是开了次会,一次儒家历史上重要的会:白虎观会议。

建初四年（79年），章帝发布诏书。诸儒会聚白虎观，讲议《五经》同异，参加者有太常、将、大夫、博士、议郎、郎官及诸生、诸儒，既有今文经学家，也有古文经学家。会议的形式是:由五官中郎将魏应替皇帝提问，侍中淳于恭奏报，皇帝亲临主持决断，如同宣帝的石渠阁会议一般。会后，会议的决定性文件由班固整理，编撰成《白虎通义》，流传至今。

有记载参加会议的大儒都是当时的儒家领袖、知名学者。

问事不休贾长头：贾逵

贾逵（30年—101年，字景伯）的先祖是贾谊。

贾家家学渊源，其父贾徽亦是大儒，曾跟随刘歆学习左氏《春秋》，兼习《国语》和《周官》，又曾从涂恽学习古文《尚书》，从谢曼卿学《毛诗》，撰写有《左氏条例》21篇。

贾逵是扶风平陵（今陕西咸阳西北）人，身材长大，人称"贾长头"，诸儒们对他的评价是"问事不休贾长头"。他子承父业，又由于天赋极强，自然很快就超过其父亲的成就。

贾逵儿时就常在太学玩耍，反而不熟悉社会上的事。他在20岁时就能背诵左氏《春秋》和《五经》原文，并教授大夏侯《尚书》。

虽然，贾逵是个古文经学家，却兼通今文经学，比如五家《榖梁传》。但他最主要研究的是古文《尚书》和《左传》。恰巧章帝即位后，喜欢这两样，多次请贾逵入宫讲学。

贾逵在讲解中提出，《左传》里有很多与图谶相符合的地方，是比《公羊传》和《榖梁传》好的地方。

这一点颇为后代学者所诟病。

时人都认为贾逵是通儒，学问懂得很多，但是不修小节。范晔评论，贾逵能牵强附会图谶之学，最为富贵显赫。当时的君主以此来评论学术，可悲啊！

殿中无双丁孝公：丁鸿

丁鸿（？—94年，字孝公），颍川郡定陵县（今河南省漯河市舞阳县北）人。其父丁綝①是光武帝的开国功臣。

丁鸿13岁时，跟随桓荣学习欧阳《尚书》，三年便明晓章句，善于论辩。他学习很勤奋，常常穿着布衣，挑着担子，不远千里去求学。

丁綝死后，按规定是丁鸿世袭爵位，他却上书要将封国让给弟弟丁盛，不过没得到同意。于是，他等父亲入葬后，将丧服在守孝的草屋上一挂，逃之夭夭，不知所踪。只留下一封信给弟弟，大意是，我做人挺不孝的，生前没有供养父亲，死后也没有奉守丧礼，读书也读出大病，住不了草屋，我情愿将爵位留给你，现在去找良医治病，如果不能治好，就埋在山沟中。

丁鸿在逃跑途中，遇到同学鲍骏，经过鲍骏的一番劝导，他才感悟，回家接受封国，同时开门教授学生。

由于丁鸿的学术经常受到皇帝的称赞，时人感叹"殿中无双丁孝公"。范晔却对丁鸿逃爵提出质疑，认为他只是仰慕古人的风范，追求太伯、伯夷的名声。树立操行，不应该仅仅是为了独善其身，还要垂范天下。丁鸿之心是出于忠诚和友爱吗？幸好他能最终醒悟，和那些只追求名声的人是有区别的。

杨终

杨终（字子山）在13岁时担任家乡蜀郡的小吏，太守惊奇于他的才能，派他到京城学习《春秋》。不知犯何事，白虎观会议时，杨终在监狱坐牢，班固、贾逵正好因此上书，请求皇帝将通晓《春秋》的杨终释放，这才得以参加会议。

李育

李育（生卒年不详，字元春），扶风漆县（今陕西省咸阳市永寿县）人，从小学习《公羊传》，也以此闻名。班固非常器重李育，在《奏记东平王苍》里隆重将他推荐给东平王，于是，京城的贵戚们都抢着结识他。

---

① 丁綝（音chēn），曾被封为河南太守、新安乡侯，后迁升为陵阳侯。

白虎观会议中，李育以《公羊传》诘难贾逵，提问和回答也都有理有据。

楼望

楼望（20年—100年，字次子），陈留雍丘（今河南省开封市杞县）人，从小学习严氏《春秋》，学问很高深，当时称为"儒宗"。他授课很勤奋，登记在册的学生达九千多人。

桓郁

桓郁（?—93年，字仲恩）是桓荣的次子，沛郡龙亢（今安徽省蚌埠市怀远县龙亢镇）人。其子承父业，教授《尚书》，门徒有数百人。桓荣去世时，桓郁的哥哥已经去世，理应桓郁袭爵。结果他和丁鸿一样，上书让给兄长之子桓汎，也没得到批准，只能袭爵。后来，桓郁被章帝召入宫中，教授皇太子（日后的和帝）经学。桓郁给两任天子都讲过经学，地位十分显赫。

至今，龙亢镇都有"桓傅故里"之称，就是因桓荣而得名，"桓傅故里登龙门"是龙亢十景之一。龙亢桓氏也是东汉至两晋间的有名家族，人才辈出。

魏应

白虎观会议中，魏应（?—90年，字君伯）是负责替皇帝提问的，任城（山东省济宁市任城区）人，时任五官中郎将，是千乘王刘伉的师傅。他以前学习《鲁诗》之时，闭门苦读，不结交朋党，受到京城学术界称誉。魏应通晓经术，品行修洁，很多学子从远方慕名前来求学，一时之间登记在册的弟子达数千人之多。会议后，魏应出任上党太守，征授骑都尉，死在任上。

淳于恭

参加会议中，最奇特的莫过于负责奏报的侍中淳于恭。严格意义上，他不算儒生。他擅长讲解《老子》，讲究清静无为。适逢更始战乱之时，淳于恭常常独自耕田，乡人都劝阻说："现在天下大乱，活的死的还不知道呢。

何必自讨苦吃呢？"淳于恭说："即使我得不到，也不会对别人有所损失。"他后来隐居在山林中，不肯出来做官，一待就是数十年。直到章帝去请他出山，他才担任议郎，后来升为侍中骑都尉。

班固

最后成书之人，前已述及。

经过儒生们的讨论后，《白虎通义》成为汉朝的一部典章制度，全书共44篇，涉及国家统治的诸多方面，从现存的43篇来看，分别涉及不同主题：

第一卷爵（10，代表"共十章"，下同）；

第二卷号（5）、谥（9）、五祀（4）；

第三卷社稷（13）、礼乐（11）；

第四卷封公侯（14）、京师（8）、五行（7）；

第五卷三军（10）、诛伐（9）、谏诤（8）、乡射（5）；

第六卷致仕（1）、辟雍（6）、灾变（4）、耕桑（1）、封禅（2）、巡狩（10）；

第七卷考黜（4）、王者不臣（7）、蓍龟（12）、圣人（4）、八风（1）、商贾（1）；

第八卷瑞贽（7）、三正（9）、三教（6）、三纲六纪（5）、情性（6）、寿命（1）、宗族（2）；

第九卷姓名（4）、天地（5）、日月（6）、四时（4）、衣裳（4）、五刑（2）、五经（7）；

第十卷嫁娶（23）、绋冕（6）；

第十一卷丧服（16）、崩薨（23）。

43个主题中又有不同的细目，包含许多具体的问题，比如第一卷论爵涉及包括"天子为爵称""制爵五等三等之异""天子诸侯爵称之异""王者太子称士"等十个问题，这些问题几乎涉及社会生活的各个角落。

《白虎通义》是对整个国家管理的儒家化梳理，也让国家管理富有逻辑性，对后世的影响异常深远。

《白虎通义》是融合今文经学、古文经学与图谶于一体的典章，其对世界的理解、对社会秩序、百姓生活的逻辑性阐述，既是对之前的学术体系的梳理和总结，也形成一套"天人合一"的理论体系。其由章帝亲自钦定，内容包罗万象，在政治、思想、伦理、社会等方面，都为人们规定行为规范，至今都在影响国人的思维方式，值得我们深入探究和关注。

第十五篇

臣不为谶

第一回　郑兴和桓谭

虽然皇帝推崇图谶，不买账的儒生却大有人在。

光武帝曾经询问儒生郑兴（生卒年不详，字少赣）关于郊祀（郊外祭祀天地）之事，说："我想用谶言来推断，如何？"

郑兴回答说："臣不为谶。"

光武帝怒道："你不研究谶言，你是想说谶言不对吗？"

郑兴见皇帝发怒，也惶恐起来，就说："我只是没学过谶书，并不是认为它们不对。"光武帝听后，稍稍息怒。最终，因为郑兴不会用谶言，并不重用他。

郑兴，河南开封人，年少时学习《公羊传》，晚年喜好《左传》。新莽时期，他还率领门人一起跟随刘歆学习《左传》。

郑兴并非光武帝嫡系，甚至很长时间都游离于光武政权之外。王莽被推翻后，他先是在更始帝手下工作。更始帝被推翻后，他又向西投奔隗嚣①。后来隗氏投降东汉,郑兴又到洛阳,被好友杜林推荐给光武帝,征召为太中大夫。

因为几易其主,郑兴的官位一直不显。其以研究《左传》闻名,后代研究者都以其为宗。他之所以不学谶言,主要原因在于郑兴是一位从今文经学转向古文经学的儒生,他并不否定天人感应之说,仅仅是不学谶言而已。

光武帝在郑兴那里碰到软钉子,又转去问别的儒生,比如桓谭。

桓谭(前20—56年,字君山),沛国相(今安徽省淮北市相山区)人,资历比郑兴要老得多,属于官场不倒翁:其在西汉哀帝、平帝时就做过郎官。新莽之时,他虽未向王莽歌功颂德,在朝中只是默默无语,却也出任掌乐大夫之职。更始帝时,他被授予太中大夫。

东汉建立后,桓谭等待任命,只是几次上书言事,光武帝对他并不满意。后来经人推荐,他才获得议郎给事中之职。

桓谭博学多才,精通音律,也善鼓琴。遍读五经,却略懂大义,并不逐字逐句地解释。虽然做的官都不大,但也左右逢源,如此会做官的人却没想到会因为谶言,开罪光武帝。

光武帝问桓谭的话,和问郑兴的一模一样,"我想用谶言来推断,如何?"

老练的桓谭没有立刻回答,他沉默很久后才说:"臣不读谶。"

此次,光武帝没有立刻大怒,而是问桓谭原因,桓谭竭力陈说谶言不是经典。

这下光武帝又怒了:"桓谭非圣无法,拉下去斩了!"

光武帝的执政经历告诉我们,他应该是个很能忍耐的人。即使哥哥被杀,他也能强忍悲愤。统一天下、治理后宫都不急不躁,为何两位儒生的"臣不为谶",却能立刻激起他的愤怒,甚至还要杀人?

实在是因为光武帝把图谶看得太重,重要到直接和他的统治根基是否稳固相对应,面对这些不相信谶言的儒生,他恨不得统统除之。

桓谭一见自己要小命不保,立刻叩头,直到流血,光武帝才免他死罪,却也把他贬出京城,去六安做郡丞。桓谭为此抑郁寡欢,在途中病逝。

---

① 隗(音kuí)嚣,天水成红人,出身于陇右大族,以知书通经而闻名陇上。

第二回　王充和《论衡》

东汉初年的一些儒生对图谶虽有非议，但大都被驱除，不为光武帝所用。其后，儒生们大都极言图谶，很少有反对图谶的。只有几个波澜不惊的人物，提出反对，但在当时并不显眼。通过后世的多密度河水看来，他们仿佛当时的领军人物，实则不然。撰写有《论衡》的王充即为其例。

王充（27年—约97年，字仲任），会稽上虞（今浙江省绍兴市上虞区）人，从小丧父，家里贫穷，后来到京师太学，拜班彪为师。

王充为人聪慧，又因家贫，只能在书店里看书，他只要看一遍，就能把书背下来，真是过目不忘。虽如此，他也没过什么大官，只是在郡中任功曹、刺史治中之类，干的时间也都不长。

王充的治学风格与思路和别人有些不同，喜欢博览群书，却不拘守章句。喜欢议论，开始像诡辩，最终却还有理有据。他把儒生分成四档，分别是：儒生（"能说一经者"）、通人（"博览古今者"）、文人（"采掇传书以上书奏记者"）、鸿儒（"能精思著文连结篇章者"）。在他的眼里：鸿儒高于文人，高于通人，高于儒生，高于俗人。恐怕他自己就算是鸿儒。

王充的特立独行从其著作中可见一斑，《论衡》共有85篇，20多万字，在古代绝对是一部皇皇巨著。"衡"字本义是天平，之所以取名《论衡》是评定当时言论价值的天平之意。其中有几篇《问孔》《非韩》《刺孟》，一看名字就很博眼球。他的理念不无道理："世儒学者，好信师而是古，以为贤圣所言皆无非，专精讲习，不知难问。夫贤圣下笔造文，用意详审，尚未可谓尽得实，况仓卒吐言，安能皆是？"这是一种理性的态度，圣人的话未必全对，圣人写作虽已考虑十分周到，但也不能说句句都符合实际，何况在日常生活中人们的仓促之言？

《论衡》的很多观点颇有值得商榷之处，但因其勇于向权威发起挑战的精神，在多密度河水的作用下，象征意义不断被放大。

最初，《后汉书》里对王充只有二百多字的简短介绍，对《论衡》没有只言片语的转录，说明他在东汉并非一位重要的思想家。

有人说，王充是因为反对儒家才被范晔如此处理，这未必属实：

其一，《后汉书》对于奸佞都不吝笔墨，何况有思想的儒生？

其二，《后汉书》将王充、王符和仲长统三人合传。三人并非是同时代之人，因为他们都是对时政提出批评，又都是隐姓埋名、专门著述之人，所以合传。其中，《后汉书》收录王符、仲长统多篇文章，王符已著有《潜夫论》，还专门收录五篇，以作展示。

其三，王充始终认为自己是儒家之人，只是瞧不起"俗儒"而已。

由此可见，《后汉书》冷落王充，只是因为王充的文字并不具有代表性而已。其在东汉一直名气不显，《论衡》只在其家乡一带传播，影响很小，这本书的出名完全是名人炒作所致。

东汉末年，当时的文坛领袖蔡邕避难江东，得到《论衡》后常常独自研习，以增加谈资。其后，王郎担任会稽太守，也曾得到此书。当王郎被征调到许昌后，大家都觉得他学问大进，猜测他是获得异书，仔细询问下果然是《论衡》，此书一下子从江南传播到中原一带。

近代，此书由于其批判思想，名声大噪。胡适在《王充的论衡》一文中的评论，为当代的王充形象树立下基调，"中国的思想若不经过这一番破坏的批评，决不能有汉末与魏晋的大解放。王充哲学是中古思想的一大转机。他不但在破坏的方面打倒迷信的儒教，扫除西汉的乌烟瘴气，替东汉以后的思想打开一条大路；并且在建设的方面，提倡自然主义，恢复西汉初期的道家哲学，替后来魏晋的自然派哲学打下一个伟大的新基础。"这一基调显然是过度拔高王充和《论衡》的。

对于图谶，王充在《论衡》中表达的思想并不一致，也有矛盾之处。比如他在《论衡》中引用谶言自相矛盾的地方，有谶言说，孔子生下来后不知道其父是谁，其母向孔子隐瞒起来，他用吹律管的办法知道了自己是殷宋大夫子氏的后代。由此，谶言认为，孔子不根据河图洛书，没有听人说，自吹律管精心思考，知道自己身世，这就是圣人前知千年事的证明。

王充就说，如果孔子那么神奇，能够凭空预知秦始皇、董仲舒所做的事。他又何必吹律管呢，他不是应该凭空就知道自己是谁的后代吗？

这是王充对谶言的批判，但是他在《论衡·纪妖篇》中又说，由此考察河图洛书上所说国家的兴衰存亡、帝王的兴起，确实有那些文字了。这些全都是妖祥之气构成的，是吉凶的征兆。

从《论衡》中体现出反对谶言的说法，主要是把孔子拉下圣坛，说他也是人，没那么神奇。但是，王充似乎对谶言也颇为相信。所以，思想力度并不强烈。

第三回 《请禁绝图谶疏》

东汉一代，对图谶批判最厉害的，莫过于一位著名的天文学家张衡（78年—139年，字平子）。

据说，元嘉元年（151年），张衡制造出候风地动仪。地动仪用精铜铸成，周长有八尺，顶盖隆起，形如酒樽，用篆文山龟鸟兽的形象装饰。中有都柱，周围分八条道，安装有机关。它有八个方位，每个方位上均有一条口含铜珠的龙，在每条龙的下方都有一只蟾蜍与其对应。任何一方如有地震发生，该方向龙口所含铜珠即落入蟾蜍口中，由此便可测出发生地震的方向。

曾经有一天，一龙的机关发动，吐出一颗铜珠来，但京城之中都没人觉得地动，洛阳的学者开始责怪地动仪失灵了吧。没想到几天之后，驿使来京，果然陇西地发生地震，众人于是都叹服地动仪的神妙。自此之后，朝廷就让史官记载地震在何方发生。

张衡还撰写有天文学名篇《灵宪》，阐述天地的生成和结构、宇宙的演化、日月星辰的本质及其运动，并画有《灵宪图》，是中国历史上第一张完备的天象星体位置图。

其在《灵宪》中记录"悬象着明，莫大乎日月。其径当天周七百三十六分之一，地广二百四十二分之一"。意思是，张衡实测出日、月的角直径是整个周天的1/736，转换为现行的360度制，即29′2″，这与近代天文测量所得的日和月的平均角直径值31′59″和31′5″相比，绝对误差都只有2′左右。

其还在《灵宪》中写道:"月光生于日之所照,魄生于日之所蔽。当日则光盈,就日则光尽也。"这是世界上第一次科学地揭示了月食成因。

张衡的数学名篇《筭①罔论》已佚,据说是论述如何计算球的体积,其用"渐进分数"之法,算出圆周率为10的平方根,为3.16。

对于谶书,张衡是完全认可的,只是觉得"知之者寡"。我们有理由相信,张衡对天文、数学、机械等知识都源于此。张衡曾给顺帝上疏《请禁绝图谶疏》,提出,到王莽篡位,是汉朝莫大的灾难,八十篇的谶书中为什么都不见发出告诫呢?因此可知图谶成于哀帝、平帝之间,而且《河图》《洛书》《六艺》,篇幅和目录早已固定,后人强行附会,不容妄加篡改。

张衡通过上疏,对图谶进行猛烈地抨击,但他却始终对天文、阴阳、历算充满研究的热情,他最喜欢读的是扬雄的《太玄》。

张衡也是文学高手,其写作的《二京赋》《归田赋》《思玄赋》皆为历史的名篇,与司马相如、扬雄、班固并称汉赋四大家。多才多艺的张衡在官场上沉浮跌宕,并不顺利。最终,他想完成《易》说《彖》《象》残缺的部分,却未能如愿。

---

① 筭(音 suàn),古同"算"。

第十六篇

党锢之祸

第一回 短命的皇帝们

东汉皇帝自章帝后,就仿佛被下了魔咒,无人活过40岁!

东汉最长寿的皇帝只有两位:开国的光武帝,62岁。亡国的献帝,54岁。

究其原因,很可能和东汉皇宫的生活习俗有关,唐朝名医孙思邈在《千金要方》中引用仲长统评论说,当时的王侯之宫,有上千的美女。大臣之家,侍妾数百。东汉王公的糜烂生活,导致有些人尚未到达性成熟的年龄,就过早地生育子女,生育能力非常低下。

由于短命,导致新皇帝的就业年龄一再下降,甚至出现几位尚在襁褓的宝宝皇帝,我们且看看东汉诸帝的年龄表:

谥号	姓名	父亲	母亲	登基年龄(岁)	去世年龄(岁)
光武帝	刘秀	刘钦	樊娴都	31	62
明帝	刘庄	光武帝刘秀	皇后阴丽华	30	48
章帝	刘炟	明帝刘庄	贾贵人	19	31

(续表)

谥 号	姓 名	父 亲	母 亲	登基年龄(岁)	去世年龄(岁)
和帝	刘肇	章帝刘炟	梁贵人	10	27
殇帝	刘隆	和帝刘肇	?	100余日	2
安帝	刘祜	清河孝王刘庆	左小娥	13	32
安帝去世后，安帝皇后阎姬立北乡侯刘懿为帝，在位200余天后因病去世。一般不认为是正式皇帝。					
顺帝	刘保	安帝刘祜	宫人李氏	11	30
冲帝	刘炳	顺帝刘肇	虞贵人	1	2
质帝	刘缵	渤海孝王刘鸿	陈夫人	8	9
桓帝	刘志	蠡吾侯刘翼	郾明	15	36
灵帝	刘宏	解渎亭侯刘苌	董氏	12	33
灵帝去世后，何皇后立其与灵帝之子刘辩为帝，在位4个月后为董卓所废，一年后被迫自尽，年仅15岁。一般不认为是正式皇帝。					
献帝	刘协	灵帝刘宏	王贵人	9	54
献帝刘协，灵帝之子、母王贵人，9岁为董卓所立，40岁被迫禅让于曹丕，东汉灭亡。54岁寿终正寝。					

东汉皇帝有几个特点：

其一，大都不是皇后所生。

除去明帝和不被认可的灵帝之子刘辩，皇帝大都是贵人所生，或者是藩王，皇后大都无子。

和帝皇宫就经常发生怪事，除去体弱多病的长子平原王，十几个皇子都神秘夭折。

和帝怀疑有人谋害，就把刚出生的殇帝秘密寄养在民间。可惜没几天，和帝自己也英年早逝，才到人间百日的殇帝就此登基。而在当了220天皇帝后，殇帝悄然离世。

其二，皇帝或是年纪小，或是藩王入继，难免被太后和外戚垂帘操控。

和帝早期的朝政全在章帝皇后窦太后手中，以窦太后哥哥窦宪为首的外戚集团把持朝政，任人唯亲，一意专权。

殇帝尚在襁褓，政权由和帝皇后邓太后掌控。

安帝也是邓太后和其兄大将军邓骘①共谋迎立，只是邓骘并不像窦宪一般嚣张跋扈，邓氏算是东汉外戚集团中较为不错的一支，邓氏兄弟小心谨慎，奉公守法，忠于王室。

安帝死后，无子的阎皇后不立安帝的皇太子刘保，却扶立章帝之孙、济北惠王刘寿之子北乡侯刘懿为帝，史称前少帝，以长兄阎显为首的阎氏集团控制朝政。

顺帝死后，其子刘炳即位，是为冲帝。冲帝年幼，由顺帝的梁皇后临朝摄政。自然，以其兄梁冀为首的梁氏集团开始跋扈起来。梁冀是东汉外戚集团中最没有功劳，又极其凶残的一个。

冲帝继位没多久就患病，梁冀便征召章帝玄孙、渤海孝王刘鸿之子刘缵到洛阳，准备等冲帝去世后，就立他为皇帝。果然，2岁的冲帝去世，8岁的刘缵被立，是为质帝，梁太后再度临朝摄政。

质帝工作一年多后，大概受够了梁冀的气，年纪小也口无遮拦，真把自己当皇帝，居然当群臣的面，指着梁冀说："此跋扈将军也。"

梁冀听到，命令手下在煮饼中加入毒药，给质帝吃，质帝当天就驾崩了。

随后，梁冀迎立刘志为帝，是为桓帝，刘志是章帝曾孙、河间孝王刘开之孙、蠡吾侯刘翼之子。

梁冀还将自己的妹妹梁莹嫁给桓帝，继续牢牢把控朝政。

桓帝死后，无子的窦皇后与其父窦武拥立章帝玄孙、河间孝王刘开曾孙、解渎亭侯刘苌之子刘宏为帝，是为灵帝。窦武（？—168年，字游平）和窦宪都是扶风平陵人，他们都是东汉开国功臣窦融的后人。论辈分，窦宪是窦融曾孙，窦武是窦融玄孙。窦家的祖上可以追溯到文帝的窦皇后和弟弟窦广国，可谓外戚世家。

别看窦武的名中有个"武"，却是一位儒生。年轻时就以经术德行著名，也常教授于大泽之中，并不过问政治。直到他的女儿被选入宫中，窦武才开始做官。他为人清廉自律，从不贪污受贿。

---

① 邓骘（音 zhì），东汉时期外戚，将领，太傅邓禹之孙，护羌校尉邓训之子，和熹皇后邓绥之兄。

灵帝死后，有子的灵帝何皇后立自己的嫡长子刘辩即位，史称少帝，实权掌握在她和异母兄何进手中。何家以屠宰为业，在朝廷里没什么根基。何进的能力也比较差，让朝局失控，自己也身死人手，汉朝终于大乱。

由此可见，东汉自章帝往下，只有一位皇帝，即安帝的皇太子、顺帝刘保未受外戚操控，其余皆是外戚扶持登基。

为什么独独顺帝会幸免于此呢？

因为他寻求到宦官的支持。

其三，在太后和外戚操控下的皇帝，一般不会坐以代毙。他们转而寻求宦官的支持，帮助除去外戚势力。

安帝死后，宦官孙程与中黄门王康等十八人首谋，诛杀外戚阎显等以消灭阎氏集团，拥立刘保称帝，是为顺帝，孙程等有功宦官全部封侯。

顺帝对这些宦官也并非一味纵容。登基不久，孙程曾经纠集一些宦官为大臣讼罪，咆哮殿堂。顺帝大怒，免去孙程官职，让 19 位宦官列侯全部回到封国。但没过两年，顺帝又想起孙程们的功勋，将他们全部召回洛阳。

此后，宦官们又和顺帝梁皇后的外戚集团合作，温和但软弱的顺帝便在他们的掌控之下，将东汉带入无底的深渊。

为扫除外戚势力，其余东汉诸帝也都选择宦官作为盟友。

和帝依靠中常侍郑众，一举扫除窦宪等外戚集团，恢复皇帝权威。其亲政后，勤于政事，虽然也常与郑众商议政事，但郑众本人忠于皇帝，宦官虽然用权，但并未混乱朝纲。和帝为感念郑众的功勋卓著，封为鄛乡侯，食邑一千五百户。

安帝为除去邓太后的外戚集团，依靠其乳母王圣、中黄门李闰、江京等人，在邓太后逝世后，诛杀邓氏，邓骘绝食自杀。

桓帝在执政之初，完全受制于梁氏集团。梁太后死后，桓帝就准备除掉梁冀，可是梁氏爪牙遍布朝堂，他对谁都不放心，无奈实施"厕所革命"，同谋者也只能是宦官：桓帝在厕所里召见宦官唐衡，问他宦官中有谁和梁氏不和，唐衡回答有单超、左悺、徐璜和具瑗等几个宦官。

桓帝和五人歃血为盟，最终依靠宦官之力，一举扫除梁氏集团，梁冀自杀。单超等五人被同日封侯，世称"五侯"。

第二年，单超去世，剩下的四侯横行天下。他们修筑起华丽的住宅，

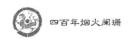

拿金银毛织品给豢养的犬马使用。他们弄来很多良家美女作为姬妾，打扮得像宫女一样。宦官没有后代，他们或供养旁系亲属，或领养儿子，或买来奴仆作为儿子，给这些"后代"以封国，继承爵位。宦官们的兄弟亲戚又都剥削百姓，和盗贼没什么分别。

桓帝亲政后，掌握权力的集团从梁氏转变成宦官，宦官们专横跋扈，开启东汉最黑暗的时期。一批有正义感的大臣们对此局面相当不满，他们团结起来，想要和宦官集团对抗，终于爆发"党锢"事件。

第二回　第一次党锢事件

"党锢"的源头在桓帝的师傅周福（字仲进）。周福，甘陵郡（今河北省邢台市清河县）人。

桓帝在做蠡吾侯时，曾向周福学习。即位后，桓帝就擢周福为尚书。此时，周福的同郡老乡房植（字伯武）时任河南尹，其人因遵守礼法，名闻当朝。

于是，甘陵郡的老乡中传开一首歌谣说："天下规矩房伯武，因师获印周仲进。"言下之意，房植是靠做天下楷模闻名，周福却是因为当过皇帝老师才获得提拔。这首歌含着贬周褒房之意，引起周福门客的不满，于是开始攻击房植。两家宾客开始相互讥讽攻击，各自结成朋党，矛盾丛生。甘陵自出现南北两派，党人之说由此发端。

后来，这种风气传入太学。

洛阳太学作为研习儒家经典的重要场所，经过东汉前三帝的恢复，已具规模，呈现繁荣景象。明帝时，就连匈奴也派遣伊秩訾王（官职）大车且渠进入太学学习，少数民族统治阶层也开始向汉朝学习儒家思想。

然而，安帝时，太学竟迅速衰弱，博士不设讲座，弟子们互相对看，神情懒惰涣散。学校坍塌破败，都变成菜园，乃至放牧和割柴草的小孩，到里面砍柴割草。

离前三帝时期只有20年左右时间，辉煌的太学竟破败如斯。究其原因，有政治和学术两方面。政治上，安帝对学术并不重视，在其执政时期，宦官横行，后宫争位，朝政腐败不堪。学术上，由于东汉儒生恪守家法，排斥古文经学，太学只能教授今文经学，导致学术活力下降，创造性被固化，太学失去吸引力。

由此，东汉时期的私人办学力量就开始兴起。这类"民办教育机构"在汉朝是一直存在的，凡是儒家宗师如董仲舒、翟方进、韦贤、楼望等人，都是一面做官，一面收徒讲学。甚至，有些大师的学员数量非常可观，常常多至数千人，甚至万人。据学者不完全统计，东汉私学计38家，受业弟子千人以上者15家，万人以上者2家。

顺帝着力复兴太学。一方面，他接受将作大匠翟酺的建议，将菜园似的太学屋舍，重新装修。另一方面，他将散落在私学的儒生们，大量招入太学，补充生源。比如在明经考试中，让落第者也都补为博士弟子。将谢廉、赵建等一些刚到12岁就精通于经书的神童拜为童子郎。这一系列做法让很多学者趋之若鹜地赶赴洛阳。

质帝除了让受到郡国推荐的50岁以上、70岁以下的明经者就学于太学之外，还让从大将军到六百石官员的子弟来受业。

这一系列举措，导致到桓帝时，在太学求学的儒生一下子激增到3万多人。

这些太学生以郭泰（字林宗）、贾彪（字伟节）为领袖，他们推崇李膺（110年—169年，字元礼）、陈蕃（？—168年，字仲举）、王畅（？—169年，字叔茂）等人，编排出一首歌谣说："天下楷模李元礼，不畏强御陈仲举，天下俊秀王叔茂。"（《后汉书·党锢列传》）

李膺是颍川襄城（今河南省许昌市襄城县）人，出生于官宦世家，祖父李修曾任安帝时太尉，父亲李益曾任赵国相。其禀性孤傲，也没什么朋友。李膺疾恶如仇，担任青州刺史时，当地郡守听到他来了，都弃官逃走，只有乐安太守陈蕃因为政绩清明而敢于留下。

李膺曾调任护乌桓校尉，多次抵御鲜卑侵扰。在作战中，他非常勇猛，常亲冒枪林箭雨，每次都击溃敌军，导致鲜卑恐其威名。后来，一听到李膺再担任度辽将军时，多次侵扰云中等地的羌人惊恐归服，原先抓走的男女，全都送还到边塞之下，不敢再犯。一时间，李膺声震远域。

其后，李膺被征召为河南尹，后又任司隶校尉。司隶校尉的官级低于列侯、三公和九卿，却负有监督京师和地方官员的职责，身份特殊，权势不在三公之下。桓帝的朝廷纲纪败坏，李膺出淤泥而不染，时人都以被其接见为荣，士人有被他接待的，叫作"登龙门"。

以"扫除天下，不扫一屋"闻名的陈蕃是汝南平舆（今河南省驻马店市平舆县）人，祖父曾任河东太守。15岁的陈蕃曾独处一室，但其住下后，庭院杂乱芜秽。其父之友薛勤前来探望，见此情景说："小伙子为什么不清扫院落来迎接客人？"陈蕃说："大丈夫处世，当扫除天下，安事一室乎！"此言一出，薛勤认定陈蕃有澄清宇内的志向，以之为奇。

陈蕃通过举孝廉走上仕途后，为人亦疾恶如仇。其任乐安太守时，有个叫赵宣的孝子在父母去世后没有封闭墓穴，而是搬到墓道中去居住，服丧20多年，乡里百姓对其孝顺交口称赞，郡里就把赵宣推荐给陈蕃。

陈蕃和赵宣相见后，问起其妻儿，结果发现赵宣的五子都是在其服丧时出生。陈蕃勃然大怒，认为既然守孝，就要遵循守孝制度，居然住在墓道之中，还有夫妻生活、生了孩子，分明是沽名钓誉、迷惑民众、玷污鬼神。于是，陈蕃非但没有重用赵宣，反而将其治罪。

对于威震天下的大将军梁冀，陈蕃一样不买账。梁冀曾派使者送信给陈蕃，托其办事，陈蕃不见。使者担心被大将军责备，就用个欺骗的法子，见到陈蕃。未料陈蕃勃然大怒，将使者鞭打至死。因此事得罪梁冀后，陈蕃被降职为修武县令。

李膺、陈蕃等人在污浊不堪的朝廷中，形成一股"清流"，这股清流却因为一位神秘人物，发生转折。

风水先生张成有些道行，凭借预测之能，多方结交宦官，甚至桓帝也向他询问卜卦。他通过占卜算出来，不久天下会有大赦，就让儿子去杀人，反正也不会死，不久还能放出来。当时，李膺在河南尹任上，此事恰好发生在其辖内，凭其性格，自然是眼里揉不得沙子。他立刻将张成逮捕，最后将之诛杀。

张成死后，他的学生牢修上书诬告李膺等人养太学儒生游士，交结各郡学生门徒，相互频繁串通，一起结党营私，诽谤攻击朝廷，扰乱败坏风俗。

桓帝闻之震怒，发布召令到各个郡国，逮捕私党人士。同时，通告天下,让大家共同声讨,最后将李膺等人逮捕下狱。由此引发第一次党锢事件,时在延熹九年(166年)。

一大批名臣,比如太仆杜密(?—169年,字周甫,他和李膺一起被时人称为"李杜",是历史上首次李杜组合)、御史中丞陈翔等,还有司空府掾属陈寔①、汝南郡功曹范滂等官职不高但声誉很大的名士,或被秘密逮捕,或被通缉。

由于太尉陈蕃认为"罪名不章",拒绝平署诏书。桓帝见诏书无法生效,干脆跳过司法程序,直接让宦官负责的北寺狱审理此案。

当时被捕的大多是民间所认同的"贤人"。他们大都是儒生,从小饱读经书,为官后品德高尚,刚正不阿,敢于和腐败贪婪的宦官集团斗争。名士们反不以被捕为耻,却以未被捕为耻。

天下士人还主动编排出一张表,以示名士的等第,互相标榜。因为传说高阳氏和高辛氏这些上古的三皇五帝,各自依靠八位品格高尚的贤臣"八恺"和"八元",开创上古盛世,所以,名士们的等第也都以八为数:

最上等的是三君,即窦武、刘淑、陈蕃等三人,"一世之所宗"。侍中、虎贲中郎将刘淑是宗室之后,起先他不愿意做官,桓帝听说他的名气后,命人用轿子把卧病的刘淑,从河北抬到洛阳。

八俊次之,指李膺、荀昱、杜密、王畅、刘佑、魏朗、赵典、朱㝢等八人,是"人之英"。

八顾再次之,指郭林宗、宗慈、巴肃、夏馥、范滂、尹勋、蔡衍、羊陟八人,为"能以德行引人者"。

八及再次之,指张俭、岑晊、刘表、陈翔、孔昱、苑康、檀敷、翟超八人,为"能导人追宗者"。

八厨再次之,指度尚、张邈、王考、刘儒、胡母班、秦周、蕃向、王章八人,为"能以财救人者"。

除去这些列入名单的名士们,第一次党锢事件中出现一位有趣的跨界人士——度辽将军皇甫规(104年—174年),他既是威震一方的将军,又是儒家大学者,他在党锢事件中的所作所为,令人啼笑皆非,又佩服其志向。

---

① 陈寔(音 shí),东汉时期官员,名士。

皇甫规是安定朝那（今甘肃省平凉市灵台县）人，出生将门，祖父、父亲都是将军，其历任中郎将、度辽将军、护羌校尉等职，是真正的军界高官。同时，皇甫规的儒学造诣非常之高，他早年得罪梁冀后，免职归乡，办起私塾，亲自教授《诗》《易》，门徒有三百多人，历时14年之久。

其后，梁冀被诛。朝廷屡次请他出任官职，皇甫规都不肯。直到中郎将宗资公车登门，才开始出任太山太守。后因羌人频频集结，他就出任中郎将，统御关西部队，对付羌人。

由于其熟习兵法，皇甫规把羌人都打怕了，降者十余万，且其为官公正，也不攀附权贵，凉州一带数年无战事，所以皇甫规虽是名将，名气并不高。

党锢事件爆发后，皇甫规秉承着"不进党锢名单的将军不是好儒生"的原则，以未被关押为耻，向皇帝上书说："我以前举荐过前任大司农张奂，这是攀附党人。而且我以前到左校服苦役时，太学生张凤等人上书为臣申诉，这是党人拉拢臣，臣应当论罪。"要求皇帝连自己一块儿治罪。

桓帝并没有搭理这个可笑的请求。

这位皇甫将军遇难不避，坚贞中透露着可爱，真是大丈夫所为。

太学生领袖贾彪在事发后，对朋友说："我不前往洛阳，大祸不会停解。"他明知山有虎，偏向虎山行，前往洛阳，游说城门校尉窦武、尚书霍谞，让他们为党人上书申辩。

窦武的女儿是桓帝的皇后，老丈人发话，桓帝总是要听的。党锢虽已显示皇帝权威，但还是遭致天下儒生强烈反对，社会舆论压力很大。永康元年（167年）六月，桓帝大赦天下，下诏将党人赦归田里，但规定他们都终身禁锢，不得做官，趁此了结此事。

半年之后，桓帝去世。第一次党锢事件就此结束。

第三回　第二次党锢事件

桓帝无子，窦武和其女窦太后迎立灵帝。窦武被任命为大将军，封闻喜侯，可以常住宫内。窦氏子侄三人也都封为侯，执掌军权。

窦武掌权后，党人的春天到来。李膺、杜密等被废黜的名士都被重新起用，委以要职。窦武也常和陈蕃商议，决心剪除宦官势力。

建宁元年（168年）五月，年近80岁的陈蕃劝说窦武，要避免重蹈萧望之被石显欺负的覆辙，尽快斥罢宦官。

窦武决心动手，并向女儿窦太后禀告，要将宦官们全部诛废。结果，窦太后不同意全部诛杀，只说要惩治有罪的那些人。

窦武在诛杀掌权的中常侍管霸和苏康后，上奏要求诛杀曹节等人。窦太后又始终犹豫不决，终究酿成大祸。

凡谋大事者，于无声处听惊雷。如窦武这般杀机已现，却动作迟缓，势必被反制。

八月，窦武、陈蕃在他人劝说下，准备行动，开展一系列官员任命，用亲信的小黄门取代黄门令魏彪，将长乐尚书郑飒关进北寺狱。陈蕃建议说："这类人就应该抓起来杀掉，还审问什么？"窦武不同意，令人审问郑飒，口供牵连到曹节、王甫等人。

窦武让属下给太后写奏章，要抓捕曹节等人，自己就出宫回家睡觉。不知道平时待在宫中的窦武为何偏在此时打道回府，难道以为有口供，就大功告成？

对照文帝刚入长安时那一晚的作为，有时真觉清流们办事糊涂啊！

就是这么一回家睡觉，让窦武把性命都睡掉，也睡掉无数人的性命，更睡掉大汉的锦绣江山。

窦武出宫后，宦官朱瑀盗看奏章，骂道："宦官里胡作非为之人，自然可以诛杀，我们这些人有什么罪，为什么要被族灭？"于是大喊道："陈蕃、窦武上奏太后，要废除皇帝，是大逆不道。"

朱瑀连夜召集17名健壮的亲信宦官，结成反抗同盟，歃血共盟诛杀窦武。曹节听后，立刻禀告灵帝。相比而言，宦官们的动作就快得多，他们管住皇帝，劫持太后，夺取皇帝玺印，放出郑飒。让郑飒带着符节和宦官们起草的诏书，去逮捕窦武。

窦武哪肯接受假诏书，召集北军将士数千人，以做对抗。宦官们也传皇帝诏令，集结数千兵马，与窦武对峙。宦官们对窦武士兵们说："窦武是

造反，你们跟着反贼干吗？谁先投降，谁有赏！"

窦武的军队素来就怕宦官们，而且宦官们拿着皇帝诏令，士兵们渐渐投降。最后窦武成为光杆司令，只能逃走。不久就被宦官军队追上，无奈自杀。

宦官们手段迅速且狠毒，他们割下窦武的脑袋悬挂在洛阳都亭，将窦氏的亲属、宾客、朋友全部杀掉，将窦太后软禁于云台。

至此，宦官彻底掌权，第二次党锢事件由此爆发。

第二次党锢事件比第一次凶残和猛烈得多，宦官们杀红了眼，挥舞着嗜血的屠刀，直接向儒生们的头上砍去。

灵帝建宁二年（169年），是儒家历史上最为黑暗的一年。陈蕃、李膺、杜密等数百位名士全都死于狱中，妻儿迁徙到边疆，五服之内的亲属都附从而去。结果是，天下豪杰和儒学品行好、正义的人，都被视为结党之徒。

和名士们关系甚密的太学生们也因此被株连。熹平元年（172年），窦太后去世，不知何人在朱雀阙上写道："天下大乱，曹节、王甫禁杀太后，常侍侯览多杀党人，公卿皆尸禄，无有忠言者。"（今译：天下大乱，曹节、王甫囚禁并杀害太后，常侍侯览杀害很多党人，公卿大臣都空受俸禄，没有一人敢进忠言。）因为此事，灵帝任命御史中丞段颎追查，结果抓来一千多名到太学游学的学生。

如此一来，天下儒生彻底寒心，太学再也不是学术圣地，很多求学者都宁愿待在私学。儒生们纷纷离开政治核心，躲入山林，跟随隐居的儒生们学习，再也不愿意去洛阳，免得既学不到东西，又可能有血光之灾。

党锢持续十多年，贯穿于灵帝执政的大部分时期，使得在两汉昌盛一时的儒家跌入冰点。汉朝的儒学运动彻底终止，从此陷入沉寂，一直到唐宋之际，才开始恢复。

灵帝是历史上人见人恨的皇帝。不仅好人骂他，诸葛亮说："亲小人，远贤臣，此后汉所以倾颓也。先帝在时，每与臣论此事，未尝不叹息痛恨于桓、灵也。"（《出师表》）

居然坏人也骂他。董卓说："天下之主，宜得贤明，每念灵帝，令人愤毒！"（《后汉书·袁绍传》

中国历史上，亡国之君多才艺。后世的陈后主、南唐后主、宋徽宗，皆如是也，灵帝也算是亡国君中的资深人士，其善辞赋，著有《皇羲篇》等篇。

也因为灵帝这个爱好，光和元年(178年)，设立鸿都门学，专习辞赋书画。学生由州、郡、三公举送，并进行考试。在门学里，学生们主要画孔子及七十二弟子像，擅长鸟虫篆和八分书。

学生多至千人，学成后多授予高官，有的出为刺史、太守，入为尚书、侍中，有的竟封侯赐爵。但是，他们的行政能力是很差的，几乎没有什么知名人物。灵帝提拔鸿都门学的学生，只会引起士人不满，士人都耻于和他们为伍。

光和七年（184年），由于黄巾起义，在北地郡太守皇甫嵩及中常侍吕强的建议下，灵帝宣布解除党锢。结果，中平五年（188年），朝廷下诏书，补选处士荀爽、陈纪、郑玄、韩融、李楷、申屠蟠等人为博士，却没有一个人前往应诏，很不给灵帝面子。

中平六年（189年），灵帝去世。大将军何进在宫内被害，政变爆发。西北军阀董卓向洛阳进军，废汉少帝刘辩，立刘协为皇帝，是为汉献帝。

九月末，董卓联合司徒黄琬、司空杨彪一同携带铁锧[①]（古代腰斩时的刑具）到朝堂上书，要求为党锢事件中的陈蕃、窦武和诸多党人平反。献帝准奏，恢复陈蕃等人的爵位，并提拔他们的子孙为官。

天下大乱！

[①] 锧（音 zhì），腰斩时所用的铡刀座。

第十七篇

最后一位宗师

儒家在汉朝行将就木之时，回光返照，诞生一位堪比董仲舒的重量级人物：郑玄（127年—200年，字康成）。

郑玄，北海高密（今山东省高密市）人。他和他的两位老乡，春秋齐国晏婴、清朝刘墉，并称"高密三贤"。

称郑玄是大儒，是因为他打破今文经、古文经之藩篱，以毕生精力遍注儒家经典，成为汉朝最大的"通儒"，他也是两汉时期儒家经学的集大成者。其注解过《周易》《尚书》《毛诗》《仪礼》《礼记》《论语》《孝经》《尚书大传》，以及《中候》《乾象历》。同时，撰写有《天文七政论》《鲁礼禘祫义》《六艺论》《毛诗谱》《驳许慎五经异义》《答临孝存周礼难》等，共百余万言。

他注疏如此丰富，且并非烂注，"郑注"的质量非常高，开创出"郑学"。特别是其对《仪礼》《礼记》的注疏，精辟且权威，历史上有"礼是郑学"之说。

汉末及三国，郑氏门徒遍及天下，郑学大盛。郑氏门人弟子超万人，或于民间收徒讲学，或在朝廷为官，或任博士，或从事著述，共同传授郑学，一时蔚为大观。

三国，尤以曹魏门徒最多，有王基、孙炎、马昭、张融等。西蜀人数不多，却有名将姜维，从小喜好"郑学"，被誉为"一时之仪表"。东吴有薛综、徐整等。

郑玄从小的志向便是学术，他不想做官。他曾经担任过乡啬夫（一种主管役赋的县官），结果每次休息回家，都到学官那里去。郑父为此很生气，却也毫无办法。

长大后，郑玄就去洛阳太学学习，师从第五元先，学习《京氏易》《公羊春秋》《三统历》《九章算术》等课程。又跟从东郡张恭祖，学习《周官》《礼记》《古文尚书》《韩诗》和《左传》等。由郑玄所学的内容可见其博学。

学成后，郑玄突然发现，崤山以东再也没有大师值得去请教，就向西入关，通过卢植的引荐，去做马融的学生。

引荐人卢植（139年—192年）涿郡涿县（今河北省涿州市）人，是马融的学生，也是刘备和公孙瓒的师傅。

卢植曾著有《尚书章句》《三礼解诂》等书，今皆失佚。黄巾起义时，卢植受命于危难，出任主帅，率北军五校将士，前往冀州平叛。

卢植也是范阳卢氏的始祖。范阳卢氏是自三国至隋唐一代的有名氏族，人才辈出，至唐朝更是有"初唐四杰"之一的著名诗人卢照邻，有以"宠辱不惊"著名的卢承庆等八位卢姓宰相，所谓"八相佐唐"是也。

卢植的师傅马融（79年—166年，字季长）是一位大儒，他是马援的从孙，其祖父马余是马援的亲兄弟，曾任王莽时期的扬州牧。

马融也曾经遍注群经，但显然注得没有郑玄好，没有流传下来，皆已散佚。

郑玄请卢植引荐，去拜马融为师，应是一件好事。

可惜，马融素来骄贵，门徒有四百多号人，但真正能够入室听其讲课的学生，不过50多人。郑玄拜在他的门下，竟然3年没有见过马融一面，马融只是让自己的高徒给郑玄授课。

郑玄却不曾倦怠，日夜探究、诵习，终有所成。

一次，马融召集门生研讨图谶和纬书之事，想用浑天仪测算天体位置，但计算的总是不准确，学生们也弄不清楚。有人说郑玄可以解决这个难题，马融就召他到楼上相见。

结果，郑玄一推算就得出结果，大家都惊叹佩服。郑玄趁机向马融请

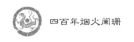

教一些疑难问题，问完之后就请辞回家。

马融叹息着对学生们说："郑玄如今离开，我的学问从此也就东传了。"

传说，郑玄走后，马融颇不放心，很担忧郑玄名声超过自己，心里颇为嫉妒；郑玄也疑心他们会追自己，对自己不利，就坐在桥下，脚上穿着木屐踏在水面。

马融果然转动栻盘，占卜郑玄的行踪，他对左右的人说："玄在土下水上而据木，此必死矣。"这才作罢，由此郑玄最终得以脱身。

这个传说记录在《世说新语·文学》中，未见于《后汉书》，很难说是真的。一位大儒怕人家出名，居然要追杀他，也真是令人不齿。

也许是马融在历史上的一些污点，容易引起别人的鄙视。

以前，马融一直触犯权贵，在被梁冀收拾过几次后，就投靠过去。他曾为梁冀起草陷害太尉李固的奏折，被大臣吴祐斥责说："李公之罪，成于卿手。李公即诛，卿何面目见天下之人乎？"后来李固死于狱中。

马融还为梁冀作大将军《西第颂》，也为正直之士所耻笑。

纵使如此，马融的大儒身份不容置疑。贞观二十一年（647年），唐太宗诏令历代先贤先儒二十二人配享孔子庙，其中就包括马融、卢植和郑玄。

马融想做官。郑玄却压根不想做官。郑玄回家之后，在东莱租种别人田地，却也有数百上千人前来跟随他学习。

相比马融而言，郑玄对待学生就大方洒脱得多。

据说，郑玄一直想注《春秋》，却尚未完成。有次因事外出，和服虔（生卒年不详，字子慎）偶遇。两人同住在一个客店，却彼此互不认识。服虔也是著名的儒生，曾任九江太守，一直在研究注解《春秋》。

郑玄偶然听到服虔在客店外的车上，和别人谈论自己注《春秋》的想法。郑玄听了很久，觉得服虔的很多看法和自己非常相似，就登上车和其交谈。

郑玄说："我很早就想注《春秋》，可惜到目前还没完成。我听您刚才的谈话，看法大多与我相同。现在我就把自己已经作的注全部送给您。"

是否真的发生过此事，已经无从考证。郑玄没有注疏过《春秋》，服虔写成《春秋左氏解谊》，也是历史上的确凿，想来真有此事吧。

郑玄将自己辛苦积攒的文稿送给陌生人，只因对方的理念与己相合，不藏私、不沽名，"人能弘道，非道弘人"，真大宗师所为！

党锢事发后，郑玄被勒令不准做官。于是，他隐居在家研究经学，闭门不出，专心注疏。

解除党禁后，朝廷大员屡次邀请郑玄入朝。当时的执政者不是宦官，就是外戚，郑玄羞与其为伍，屡次拒绝。

何进为笼络人心，率先征辟郑玄入朝为官。州郡官吏惧怕何进的权势，胁迫郑玄必须应征。郑玄不得已，只能入朝去见何进。何进为表示礼贤下士，对郑玄礼敬有加，设几、杖之礼以待之。郑玄为保其名士节操，拒不穿朝服，只穿普通儒者便服与何进相见。

隔了一夜，郑玄未等授予官职，就逃走了。

后来，无论是董卓、袁绍，还是黄巾军对郑玄都非常尊敬。有次，郑玄从徐州回高密，路遇黄巾军，他们见到他都行礼，并互相约定不许进入高密县内，以免骚扰郑玄。

在郑玄 74 岁的时候，有一晚突然梦见孔子对他说："起来，起来。今年太岁星在辰位，明年在巳位。"

他知道生命已经走向终点，不久便生病倒下。

当时，袁绍在和曹操于官渡决战，命令儿子袁谭派人逼迫郑玄随军。结果到达元城县（今河北省邯郸市大名县），郑玄病倒，不能向前，不久去世。

尾　声

最后一位儒生，我也不知道将其归于何处，只能单独为他写一些话。此人的事迹也实在是少，历史上几乎没有他的故事。

他从小研习经学，得到马融的推崇，被誉为"五经无双"。

他是汝南召陵（今河南省漯河市召陵区）人，曾担任过郡功曹、洨长。

他叫许慎（字叔重），写过一本书，名叫《说文解字》——中国第一部按部首编排的汉语字典。

东汉亡，经学衰。

儒家要经历一段很长时间的静寂。

图书在版编目(CIP)数据

四百年灯火阑珊/李太仆著.—上海:复旦大学出版社,2019.11
(儒家的故事系列)
ISBN 978-7-309-14570-0

Ⅰ.①四… Ⅱ.①李… Ⅲ.①儒家-研究-中国-汉代-青少年读物 Ⅳ.①B222.05-49

中国版本图书馆 CIP 数据核字(2019)第 222330 号

四百年灯火阑珊
李太仆 著
责任编辑/李又顺 刘西越

复旦大学出版社有限公司出版发行
上海市国权路 579 号　邮编:200433
网址:fupnet@fudanpress.com　http://www.fudanpress.com
门市零售:86-21-65642857　团体订购:86-21-65118853
外埠邮购:86-21-65109143
常熟市华顺印刷有限公司

开本 787×1092　1/16　印张 12.75　字数 186 千
2019 年 11 月第 1 版第 1 次印刷

ISBN 978-7-309-14570-0/B·706
定价:38.00 元

如有印装质量问题,请向复旦大学出版社有限公司发行部调换。
版权所有　侵权必究